U0027694

時報出版

內心對話的力量

遠離自我批判，提升心靈自癒力的11種練習

Find Your True Voice：

Stop Listening to Your Inner Critic,
Heal Your Trauma
and Live a Life Full of Joy

艾美．布魯納 Emmy Brunner——著

戴榕儀——譯

這本書，獻給正在努力療癒受創心靈的各位。

塔彭絲·米德爾頓（Tuppence Middleton）最先讀了我的稿子，

謝謝妳給予我莫大的幫助。

謝謝親愛的女兒荻希和莉芙，讓我的世界充滿喜悅。

最後，謝謝丁骨，你是我生命中最善良體貼的男人，

謝謝你愛我這麼多。

目次

前言　勇敢踏出第一步

二〇〇六年五月，我在一棟建築裡四處徘徊，要找三四二室。那時我才剛拿到心理治療師執照不久，到美國賓州，是為了參訪卡隆基金會（Caron Foundation）這個院內的戒治單位，心裡很緊張，又想亟欲掩飾。我當時任職於英國的一間戒治機構，上級派我到卡隆瞭解相關流程，希望能從中學習取經。

我找到三四二室後敲敲門，開門介紹了自己。

帶我進去的是一位笑容溫暖的嬌小女性。「嗨，艾美，請坐。我會說明這裡的工作方式和收治新個案的程序，不過，我想先跟妳分享我的故事。」

什麼啊？這女的好奇怪，為什麼要跟我講她的故事？民族性使然，只要有人莫名地對我親暱，身為英國人的我就會覺得詭異又侷促不安，而且我在成長過程中，向來不願顯露任何弱點，所以早已習慣堆砌自己的小小堡壘，拒絕與他人建立真正的連結。

我擠出一句含混不清的回應，明顯聽得出不太自在，不過她仍繼續說道：「艾美，我想說的是，妳的感受我懂。我知道妳是來工作的，不過這部分我們待會兒再談。每次有人走入我的生命時，我總會問自己，這個人為什麼出現，我們又為什麼相遇。我想分享一些個人故事和人生經驗，希望對妳未來的路會有幫助。」

她怎麼看得出我有問題需要解決？我明明才剛認識她，也只說了幾句話，難道就已洩露出那麼多心緒了嗎？

「確切原因我也說不上來，但可能是看妳一個年輕女孩子從事這種專門處理痛苦的職業吧。就我的經驗而言，會走這行，通常是因為自己也遭遇過椎心刺骨的痛，或是還在受苦，希望能找到出口。無論如何，我應該能幫到妳。」

於是我坐在那兒，繼續聽她說。

這個女人說她多年前在卡隆基金會找到救贖，在那之前，她從不認為自己能過得快樂，或是真正感受到喜悅。但後來她學會面對痛苦，不再強行壓抑，並開始與他人交流、分享，一切也從此改觀。

那席話猶如黑暗中的一盞燈，頓時把我從前看不清的一切，全都照得一清二楚。在之後的那幾個月，我瞭解到，如果想改變人生，勢必得誠實地哀悼過去，並治癒一直背負在身上的傷；而我也發現自己「不健康」的行為與「問題」，其實都是在回應過往的創傷時，所發展而成的應對機制與生存策略。

剖析創傷的成因後，我有所領悟，並研擬出一套因應對策，用於培養自我同理，並找到勇氣與信心，進而追求真正想要的人生。我開始能坦然接受關係中有親密也有脆弱的一面，也發展出愛自己的意識，自信專注地為工作目標打拚。直到現在，這股意識仍是我的精神支柱。

藉由這個機會，我想把方法告訴各位。之所以寫這本書，就是希望能分享我對療癒、誠實、復原與仁慈的領悟。我會帶大家走上療傷的路、培養自我同理，並為自己注入力量，活出真正想要的人生。我們會一同剖析現況的成因，試著找出實用的解決之道。

我剛才提到，從前在自己身上看到的那些「問題」，其實都源於創傷。這話一出，各位可能會認為我經歷過許多悲慘遭遇。

不過在探索心靈的初期，「創傷」一詞是必須先澄清的概念，畢竟在每個人眼中，它都會有不同的意義。許多當事人因為某些經歷而向我求助，但不會強調那些事件使他們受創。如果你也是這樣，那麼請問問自己是否曾有下列經驗：

- 是否曾對得不到的對象窮追不捨？
- 是否總認為自己的外表不夠完美，飽受身體意象所苦？
- 是否常感到焦慮、憂鬱？
- 是否常以嚴厲、批判的態度看待自己或對自己說話？
- 是否經常感到迷失、無望、羞恥，並以性愛、食物、酒精、藥物或某種關係來傷害自己？

• 是否覺得飲食習慣出問題，讓你難以實現無畏、完滿的人生？
• 是否常覺得困在有害的生活模式或惡性循環中？
• 是否渴望掙脫這樣的循環，希望人生可以變得簡單、快樂而穩定，但又害怕改變現況？

如果以上任一敘述讓你心有戚戚焉，那麼你很可能遇過令你難受的創傷事件，價值觀與行為模式也因而受到影響。有時候，創傷只是被忽略的小事，我們不一定能想起確切的事發時間與地點，但本書提供的方法可以幫助各位找到傷口，繼而開始治療。

遭遇這些問題的或許是你自己，也或許是周遭的親友，無論是誰，想必都十分辛苦。終日懷疑人生，生活陷入惡性循環，的確會令人疲憊、困惑、害怕且孤獨。這些感受會不斷蔓延，侵蝕你的身體、健康、工作、人際關係、財務與自信。

但誰說你非得這樣過日子不可呢？其實你可以改變一切，翻轉人生。你可以擺脫現況，學著愛自己真正的模樣。自由而充實的未來就在眼前，只等你踏出第一步。

我是怎麼知道呢？因為我走過這條路，也幫助過無數的人。我擔任心理治療師超過十五年，處理過許多創傷與自尊低落的問題；親身受苦的時間就更長了。我知道和腦海中那股自我批判的聲音共存有多痛苦，它讓人身心俱疲而無力面對。不過我已走出陰霾，並想告訴各位，你們也辦得到。

療傷之路不僅給了我復原的機會，也讓我建立許多良性關係，藉此提升生命的質量。過去某些經歷的確十分痛苦，但我已能體認那些事件的價值，對於境遇相似的人也更能深度同理。常年主持團體諮商，我也瞭解到，人際間的分享與連結，經常能觸發正向的改變。

團體諮商開始時，我常會講個小故事，來說明相互扶持的力量：

有個女人在路上走一走掉到洞裡，但洞壁太陡，結果困在裡頭爬不出來。她朝頭頂上的路人大叫求助，有個醫生低頭看她，把處方箋丟入洞裡，然後就走了。

她又再大聲呼救，有個聖人低頭看她，寫下祈禱文並丟入洞裡，然後就走了。

她再次大喊，這回低頭看她的是一個朋友。朋友往下一跳，到洞裡陪她。

「你瘋了嗎？」她這麼問：「現在我們都困在洞裡了啦！」

「我知道！」朋友這麼回應：「但我之前也曾落入黑洞，所以知道該怎麼掙脫。」

而我，也知道該如何掙脫，所以才寫了這本書，把我臨床治療的方法、原理，以及個案的故事都寫進來。此外，書中名為「復原妙方」的篇章會提供實際練習方法。讀者思考當中的問題並寫下筆記後，會比較知道該如何開始療傷，但切記要按照自己的步調進行，並盡量對自己誠實。

我們會討論「批判之聲」是什麼、從何而來，又會造成怎樣的限制。我也會分享強化心靈、為自己注入力量的方法，讓各位終能充分發揮潛力，自由地去追求心中一直嚮往的人生。

請記得要慢慢來，練習時不知所措，或是沒能馬上抓到要領，也不要有壓力，這是很正常的。我自己在療傷時，也經常得重複練習，才有辦法真正吸收並從中獲益，所以如果有需要，隨時都可以暫停，之後再回頭重讀。我設計的這套程序能幫助各位逐步成長、轉變。但我希望大家都適時調整步調，並帶著開放的想法與心態踏出每一步。

在此獻上我對各位的愛、信心與關懷，預祝大家在療癒之旅中收穫良多。

第一章

明辨內心的聲音

許多人都已學會隱藏自己的某些部分，
從不讓別人看見真貌，
所以感到空虛又寂寞。

在一起踏上這段旅程之初，我們要先釐清目標，審視自己是否有某些惡性或失調性的行為模式，並探究什麼樣的「內在對話」會驅使我們下決定與做出應對。一旦發現自己的惡性循環模式，應該會感覺有點不自在，但請別擔心。就我的經驗而言，深入瞭解各項決定背後的成因，絕對有所助益。各位會發現，掌控生命走向其實並沒有想像中那麼難。

跳脫自我毀滅的循環

我剛開始擔任心理治療師那幾年，治療過許多飽受精神問題折磨的個案。我發現，飲食失調患者背負的心傷，和苦於焦慮、憂鬱、人格障礙及成癮問題的個案並沒有不同。我也發現，傳統的治療方式並不能打開當事人的心。所以我開始認定，要想治好飲食失調症，光靠減重或培養穩定的飲食習慣遠遠不夠。前述的問題都和長期的自我憎恨密切相關，而造成當事人痛苦的那些「症狀」，其實只是為了生存而發展出的毀滅性機制。

我主要的治療對象，包括身陷心理危機的個案，以及生活受到症狀影響的族群（體重太輕、物質成癮太久，身心嚴重失調）。多年下來，我發現身邊盡是痛苦的人。每個人心中都有傷，即使能努力維繫生活、關係與工作，不致陷入危機，但內心深處都有某些痛楚，只是不那麼明顯。

於是我開始深入探究，訪談身邊的同事、朋友和親戚。其中，許多人都不覺得自己「有問題」，所以自認沒資格尋求協助或治療：雖然經常有種不如意的「失敗感」，卻說不出到底有什麼困難需要找人幫忙解決。他們都抱著「捱過一天算一天」的心情生活，無法心懷喜悅與完滿享受人生。

有些人雖然發現自己有焦慮、憂鬱和飲食失調的症狀，卻也十分困惑。他們向家庭醫師或專業醫療人士求助後，得到的診斷往往是「一切正常」，或是「身體失調狀況並沒有嚴重到必須就醫」。這樣的遭遇我非常可以體會：痛苦無法得到旁人的認可或理解時，我們就會開始相信問題是出在自己身上。

和我談過的親友與同事都有一個共通點：他們心中都有所謂的「批判之聲」，而我自己也不例外。

批判之聲是一股惡毒又刻薄的內在聲音，會批評你的外表與言行，存心貶損你的人格、舉止與成就，令你做什麼都難以享受樂趣，而且總覺得自己不夠好、不夠格。

各位既然打開了這本書，並一路讀到現在，那我想，你們對這股聲音應該也不陌生吧？

批判之聲

受批判之聲所影響，許多人認為自己就是問題根源，不配獲得幫助。這股聲音是由恐懼與羞恥感所引發，會使人自我孤立，藏匿自己的許多面向，並認定真實的模樣如果曝光，肯定不會得到接納。所以，我們往往無法在他人面前展現真正的自己，也因而感到空虛又寂寞。

回首人生中最孤獨的日子，我發現在那些時刻，我都遺棄了自己，而且不願承認內心的痛苦。我可以正常生活，在該出現和參與的場合也不會缺席，但我就是不肯讓任何人走入我的世界，有時還會十分無禮、戒心過重，對任何形式的親密關係都無法接受。現在我已經瞭解到，當時那些問題，其實都是批判之聲引發的防衛機制，讓我藉此隱藏心中的脆弱。

多數人的批判之聲都出現在童年時期，並隨著從外界接收的訊息及累積的經歷逐漸成形，它會讓你帶著防衛心面對現實世界，並建構出一套核心思維，適應生長環境。批判之聲會強化某些行為與想法，使人拚命想得到愛，為此養成不斷適應與改變的習慣，最後反而忘了自己的需求。譬如，有人會說：「我爸不關心我、也不愛我，所以我在學業上必須很努力，交出他認可的好成績，這樣才有可能得到他的讚許。」

以這個例子而言，批判之聲的核心思維如下：

我不討人喜歡／不配／沒價值／不夠好。

我會與他人比較，以這種方式來強化不配與自卑的感受。我現在會這樣，都是被別人的行為和選擇害的。如果他們不改變，我的人生也只能一直這樣下去。

任何事都只有好壞、對錯之分，沒有灰色地帶。

辨識出這股聲音後，你應該會覺得很痛苦，但知是行之始，接著你才能得到力量。以自身經驗而言，我不僅發現人生決策被批判之聲宰制，也驚覺自己竟然在負面的行為模式中受困了那麼久，拒我愛的人於千里之外，還一而再、再而三地追求不健康的關係。這樣的醒悟帶給我莫大的衝擊，也讓我瞭解到，要想改變，必須從內在做起。

接受事實並不容易，但我也因而能正視自己，得到改變人生走向的機會。對自己承諾絕不逃避，會誠實面對自我毀滅的行為，因為我知道越是閃躲，就越會被吞噬。

這條療傷之路，我們一起走，在旅途中，要有耐心和同理心，並願意探索新觀點，各位也要給自己空間，才能看出既定的行為模式，並培養深度的洞察力。

對於你在生活各方面的所作所為，批判之聲都會不斷批評指教，減損你的自尊與自信，使你不敢實踐正向的改變，還會對自己與所做的決定越來越沒信心。批判之聲常說：

「你很胖。」

「你不可能應徵上那個工作，沒有必要去面試。」

「不要主動開口，以免說出蠢話。」

「你就是個怪咖。」

「你一點都不討人喜歡。」

批判之聲會越來越強烈，令人難以招架，所以我們會開始回應它的要求，設法平息它的不滿，許多人也長期活在它的批判聲浪中。然而，生命如果被批判之聲宰制，我們就容易劃地自限，最終一事無成。

每個人聽見的批判之聲會有些許不同，但經過層層分解後，基本的調性差異不大。此外，自我批判的念頭都會連帶產生相應的自我傷害行為。

譬如：

我很胖↓節食

我不擅言辭↓自我孤立

我能力很差↓在職場上不求表現

不過各位也得注意，批判之聲通常狠毒又殘忍，但也會偽裝成甜言蜜語，以溫柔的口吻輕輕地說：「你都這麼累了，跟那些朋友見面只會讓你更煩而已，今晚就別出去了。」這話乍聽之下是關心，但其實深藏著孤立、負面的訊息。心裡有這種想法時，一定要繼續追問：「如果不去跟朋友見面，心情會不會更糟？」批判之聲會接著回擊：「你這麼廢，連出門都懶！就算你去參加活動，也只會惹人厭。」但事實上，你會錯過歡聲笑語、談天時光以及和朋友親近的機會，喪失人生的一大樂趣。

簡單來說，對自己越殘忍，批判之聲就會越強。它企圖達成以下這些目的：

令人更加依靠他人的看法與外在經驗來建構自我意識。

令人不願回顧過去的痛苦事件。

令人甘於現況，只想從熟悉的模式中獲得安全感。

強化童年時期就已存在的感受與想法。

尋求特定的人事物來強化潛意識中對自己與世界的既定看法。

內在小孩因此不願面對太痛苦的經驗。

必須留意的是，一旦你質疑批判之聲，它便會覺得受到威脅，接著開始強烈反擊。在它憤怒而失控的責罵下，你為了保護自己，便會更加封閉。

如果你心中湧現這些情緒，請先退一步，然後答應自己，往後會以關懷的態度去看待人生的所有經歷，並下定決心，繼續挖掘真實的自己。

鼓勵之聲

相反地，人的心裡也有「鼓勵之聲」。它會發自善意地出言安撫，或鼓勵你向外界求助。有些人喜歡把它想像成智慧女神或心靈導師在說話，當感覺不對或需要改變時，會指引你的方向。

有些人的鼓勵之聲既明亮又清楚，不過對多數人而言，那股聲音都只是輕柔的耳語，需要鼓勵它多講一點，音量才會放大。每個人心中都有鼓勵之聲，一開始聽非常細微，但它始終都在同理與關懷你的處境。舉例來說，你會打開這本書，或許就是聽到它的呼喚。

我會幫助你培養並強化鼓勵之聲，不過讀者得耐著性子慢慢來，畢竟我們都習慣傾聽負面的批判之聲，要想轉到正向的頻道，不是一件簡單的任務。

聽見批判之聲時，我會請案主們好好想想，鼓勵之聲會如何回應，通常大家都很快就說「不知道」。我會再接著問：「你都怎麼安慰受苦的朋友？」這時，他們會突然文思泉湧，短短一分鐘內就想出許多善良又體貼的回應。想培養出鼓勵之聲，這是個很好的起點：當自我批判的念頭湧現時，請想像你在和親朋好友或所愛的人說話，畢竟療傷的目的，就是要讓你開始對自己溫柔。

漸漸地，你會越來越能分辨批判之聲與鼓勵之聲。一開始會有點辛苦，但相信我，之後會越來越容易。質疑內心的羞恥感，看重自己的目標，把不想要的一切拋在腦後，才能得到力量。記下鼓勵之聲，並預測它在某些情況下會說些什麼，久而久之，它就能適時地給予回應。在練習過程中，批判之聲會變得非常憤怒，這是因為它感覺受到威脅，但也代表你做得很好，方法正確！

多加認識內在之聲

在自我療癒的路上，第一步就是承認批判之聲和鼓勵之聲共存於腦海中，並試圖強化後者，使它成為你的主宰，指引你思考及行動的方向。我也會帶著你前進，讓你獲得力量，還能跟著感覺走，自信地做出每一個決定，而不是處處被恐懼箝制、劃地自限。

我知道，各位可能壓根兒不相信心態和感受是可以改變的，但請相信我，你一定辨得到，畢竟你並不是生來就對自己抱持負面的觀感與想法。請把這趟旅程當做契機，藉此喚醒並建立你對自己的同理心。

擺脫不掉惡性的行為模式，或不敢展露脆弱之處，那代表你內心有傷。而越熟悉批判之聲、越瞭解自己做決策時背後的負面動力，就更能依據鼓勵之聲來做決定。要想達成這項目標，第一步就是要和鼓勵之聲建立連結。

在復原前期，各位必須覺察各種念頭，並判別它們的來源，看是來自於批判之聲或鼓勵之聲。許多人一開始會覺得這種區分很詭異，但如果能去探尋思緒的源起與當中的意圖，就會慢慢發現它們經常在腦海中拉扯。有了這份認知，你就可以對批判之聲已讀不回，奪回人生的主控權。

下次心裡有任何念頭時，請問問自己，這樣的想法會令你覺得在傷害自己嗎？批判之聲會驅使你在身心靈上戕害、處罰自己，還會不斷阻止你做出最有益的選擇。自我懲罰、毀滅與傷害有許多種形式，以下列舉幾個例子：

情緒傷害：以負面的方式與自己對話，因而感到難過、寂寞、不值。

身體傷害：節食、割腕、過度運動、睡眠不足、濫用酒精或藥物。

有害行為：和有虐待傾向的人交往、性生活放縱、偷竊或說謊。

務必要注意，千萬別和批判之聲討價還價。我年輕時，在這場戰役中掙扎了好幾年。所以我知道你會很想與之爭論，可是這反而會使那股聲音更強大、更自傲。

舉例而言，批判之聲會說：「你既然這麼焦慮，就不該去跟朋友見面，以免讓大家不自在。」而我則會反駁道：「哪有，他們知道我不好過，都很關心我。」但任何一絲的質疑或自我憐惜，都會激怒批判之聲，進而引發更劇烈的批評。我也發現，要是刻意忽略，那股聲音只會越來越喧囂，於是我瞭解到，中庸的回應才是正解。

所以請別和批判之聲交換條件，也不要言聽計從或完全忽略不管，只要承認你有聽見就好。我知道這很不容易，有些人早就習慣對那股聲音百依百順，很難脫離魔掌，不過改變習慣及思考模式本來就很辛苦，只要多加練習，你一定能辦到。

先練習忍受批判之聲，不予回應，那麼你就已跨出了一大步。這樣做不僅能削弱那股聲音的力量，也能展開復原之旅，逐步找回人生的主控權。療傷與復原的過程能幫助你：

- 以平靜的態度與清晰的思緒尋找方向。
- 與自己和他人建立親密且有益的關係。

- 認知到自身想法只是個人觀點，不一定是事實。
- 發掘創意、盡情揮灑人生的色彩。
- 原諒自己與他人。
- 接受批評，但不會把他人的意見內化成對自己的看法。
- 為自己注入力量，開始掌控人生。

復原之旅充滿挑戰，曲折的路途會有許多困難與挫折，促使你反思，繼續成長、前進。有時你狀況不錯，隔天卻馬上陷入困境，但這時你仍須勇往直前，努力通過層層關卡。這是療傷之路上必經的試煉。

在此我要提醒各位，療傷的路途很漫長，所以在進度上請別太苛求。一段時間過後，你才會開始察覺並深刻感受到自己所歷經的轉變。起初的變化會顯得微不足道，但長期累積下來，終究能帶來巨大的蛻變。

多想想，自己在復原之路上付出了多少，而不要太在意你得到了什麼。漸漸地，你會發現努力都有回報，心境也會變得快樂又平靜。

一步一腳印，千萬不要急。剛開始改變一定很有限，但千里之行始於足下，傾聽自己的鼓聲慢慢前進。

第二章

瞭解自己的應對策略

下定決心，把復原視為生命的第一要務。
學習自我肯定、培養正向思維，
並時時放在心上。

剛踏上療傷之旅的那幾年，我想瞭解生活中究竟有哪些問題令人感到困頓，也想跳脫負面的行為模式，但卻一無所獲。在鑽研心理治療、內省好多年後，我才終於知道，自己某些不健康的行為其實是出於生存本能。接下來，我會陪著大家觀察自己的應對策略，並評估它們的用處……以我自身的經驗而言，結論是「完全沒有用」。體認到這個事實後，我才開始學著自我支持，追尋內心嚮往的未來。

無效的應對策略

從前所述，各位已瞭解批判之聲的本質；在成長過程中，它會逐漸成為我們應付外在世界時的指引。接著我們要進一步探究，各位在遭遇困境、承受痛苦的情緒時，會以哪些特有的策略來應對。

一般來說，策略指的是幫助你克服日常挑戰的想法與行為。仔細回想人生所熬過的難關，你會發現自己有各式各樣的對策。乍看之下，它們有助於解決困境，但其實一點用都沒有，你仍會繼續困在痛苦的惡性循環中，難以逃脫。

接下來，我們會詳細討論有害的策略，並學著培養有益身心的應對方式。

請鬼拿藥單

毀滅性的策略有很多種，比方工作不順就翹班逃避，但這麼做對自己沒有好處。有些自毀的行為也很常見，譬如和朋友吵架。

以「調適不良性的應對策略」（maladaptive coping skill）來處理壓力，就會加深自卑感，問題也越發惡化。這種策略會破壞人際關係，給人帶來更多煩惱。

自毀式的應對策略包括：

- 自我批判：說自己「又笨、又醜、又沒價值」等等。
- 限制進食：長期節食或讓自己挨餓。
- 暴飲暴食：狂吃所謂的「垃圾食物」。
- 不愛自己：從不花時間去做能讓心情變好的事。

- 追求不健康的關係：不斷與同類型的人交往，希望對方能給予你所渴望的愛與關懷，然後一再被拒。
- 物質濫用：藉由酗酒或嗑藥來麻痺不愉快的感覺。
- 遊戲成癮：沉溺在虛擬世界中，藉此逃避痛苦的現實人生。
- 自我傷害：藉由肉體的痛苦緩解情緒上的痛苦。
- 自怨自艾：沉溺在「被害者」情結中，對現實感到無力，覺得自己沒用。
- 不願接受幫助：害怕改變、不願挑戰自我，寧可耽溺於自毀性的行為模式。
- 過度消費：不自覺地想維持不愉快的心情，所以讓自己入不敷出，來引發更多焦慮。
- 破壞人際關係：逃避各種親密關係，不讓自己感到脆弱。
- 說人是非：出於自卑而特別愛關注他人的缺點，藉此讓自己好過一些。
- 與社會脫節：不敢展露自我，斷絕一切的人際往來。

所有失調的行為都會引發自我毀滅的傾向，要全部戒除後才算真正復原，絕不可以掉以輕心。復原是人生的第一要務，也是日常的一部分。畢竟，若自我價值感低落，生活中的每一件大小事都會受影響。療傷時，就應該仔細留意各種細節。

許多人發現自己的不良習慣後，就會極力避免，譬如少吃垃圾食物。但我每次告訴自己不要去做某件很糟糕的事，就反而更想去做，內心像壓力鍋一樣瀕臨爆炸，最後一發不可收拾。

所以你在戒除惡性行為時，也得努力開發正面的應對方式，那麼自毀性策略就會毫無用武之地。不過，許多父母並沒有以身作則，在孩子面前展現自我關懷與同理的一面，所以他們長大成人後就不知該如何自處。之後，我會提供復原妙方和清楚的指引，幫助各位前行。

每天都要療癒心裡的傷

復原是生活的第一要務

許多人在自我療癒之初，並不會拿出全力，一旦覺得情況沒有改善，就會相當失望。但想要療傷，看到復原的曙光，就得徹底翻轉對自己的觀感與生活方式，光是參加一小時的團體諮商，或是讀完幾本勵志書（包括本書），效果其實很有限。

復原是個艱難的任務，要時時惦記，在日常生活中融入健康的自我對話模式。案主一開始都會抱怨：「一天到晚想這件事很煩欸！」這種心情我當然懂，大家都想忘卻規定、任性而為。但批判之聲分分秒秒都在作祟，我們當然也得時時刻刻嚴陣以待。

每天從起床到就寢，批判之聲都在折磨你，要是能以希望、喜悅與療癒來取代負面的情境，改掉自我傷害、懲罰的習慣，就能好好地呵護、照料自己，並迎來美好的人生。

因此，最好下定決心，把復原視為生命的第一要務，培養自我肯定與正向思維的態度，並時時放在心上。一開始會有點辛苦，並感到手足無措，甚至認為自己「沒事找事做」，但這都是因為你與負面思維共存太久，它全然占據了你的潛意識。只要充分練習，很快就可以養成習慣，並在日常生活中隨處聽到鼓勵之聲。

身心的健康與幸福感是我們生活的第一要務，所以千萬別再屈服於批判之聲。

培養健康的應對策略

我會引導讀者，一步步培養有益身心的應對策略，也希望大家在過程中可以認知到：自毀式的應對策略及負面的想法與行為，都是情緒「實體化」後的結果。

所謂「實體化」，意思是以實際行為將內心的感受表現出來，而不是從旁觀察情緒起落或與之共處。這個概念有點抽象，因為我們的某些行為已如膝反射一樣，很難理解它們的成因。

莎拉是我的案主，她對許多事都感到很挫折，活得自卑又缺乏信心。她有社交恐懼症，所以逃避和自我孤立就成了她克服焦慮的策略。多年來，她一心想抑制焦慮，也不斷在探究那股自卑感究竟是源自何處。

莎拉展開了她的復原之旅。在我的引導下，她開始思考自己為何會如此妄自菲薄。結果，她發現負面的自我意象從童年就一直深植在心中，而焦慮就是她面對情緒的態度。她捨棄過往的應對策略，以其他方式表達感受，最後她終獲得治癒。

由此可見，雖然逃避和自我孤立能短暫平息焦慮、帶來解脫。但到頭來，莎拉心中還是充滿悲傷與自我憎恨，而且與之相關的根本問題也沒有解決。

以負面眼光看待自己，就容易做出自毀式的行為。自我價值低落時，批判之聲就會大行其道。要是覺得丟臉、深怕被人批判，因而不敢求助的話，也會助長那股聲音的勢力。在我的診所中，即使當事人的自我關係敗壞，也絕對不會受到嚴厲的批評；反之，我會引導當事人學習自我關懷和尊重，寬容地善待自己的心靈與身體。

所以，下次聽見批判之聲，或感受到內心的痛在翻攪時……請別輕易逃跑、躲避。

請坐穩身子，好好呼吸，感受你的心。

第三章

感恩的心，感謝有你

想把一切都握在手上，
就不可能擁有親密關係，
畢竟魚與熊掌不可兼得。

每次有人問到個案的共通點時，我總會回答：「他們都無法與自己和旁人培養或維繫親密關係。」

許多人不知該如何建立真正有意義的深度人際連結，所以經常放錯焦點，沒能看清全局。大家老是說遇人不淑、找不到對象，或是一直困在不快樂的關係中，但卻很少有人會問為什麼。與人交往為何會變得這麼困難？這個問題，我們一起來探究。

童年的創傷會持續影響日後的關係

許多人長期背負著未撫平的創傷，還發展出惡性策略來應對生活的問題，人際關係也受到影響。因此，我們必須探究為什麼會想與特定類型的人談戀愛或交朋友，並瞭解這股欲望的源頭。

人際相處模式通常是源自童年。親子關係就像藍本，會形成我們對人際互動的期待。人在嬰兒時期所經歷的關係，到成人後仍具影響力，而且會決定我們一輩子與他人交往的模式。在孩子日後的人際關係中，這份藍本會成為所有口語及非口語溝通的基礎，讓他們瞭解如何與人相處。

孩童受創時，會希望主要照顧者能主動關心，並提供指引，教他們該如何處理。有些父母不能理解孩子的痛處，也沒有示範該如何以健康的方式化解創傷，那麼孩子就會把強烈的情緒和反應內化成自己的一部分，從此受困其中。

童年的心傷若沒治好，就會不自覺想找機會，以重溫孩提時期的經歷，包括與無心相處或有虐待傾向的伴侶交往。在內心深處，你仍在尋求父母的理解與撫慰，所以會重蹈覆轍去尋找被動、疏離甚至有施虐行為的伴侶。

許多人都沒有意識到，會遇上這些對象，原因其實在自己身上。你想要重現熟悉的經歷，但卻誤以為那是激情的欲望與火花。你出於直覺知道這樣不對，但仍有股衝動想追求不健康的關係。你明明發現對方有很多地方不對勁，像是腳踏兩條船、酗酒、不接電話或是有暴力傾向等，卻還是不願承認，因為你內心有一份渴望想要去滿足對方。

人之所以會有這種行為，是因為想重現受傷的場景，以修復親子關係，若是沒能成功，就把錯怪到自己身上：「我有缺陷、不夠好，不配得到對方的愛。」

相反地，有機會和比較「健康」的伴侶發展關係時，我們卻經常不屑一顧、不感興趣。回想看看，你自己和身邊的人是否都說過：「這個人還不錯啦，但我就是沒那麼喜歡。」事實上，這話或許可以翻譯成：「我一定要被虐待，才會覺得人家真的愛我，而這個人太溫和了。」

潛意識中那股很強的力量會影響我們的親密關係。而我大部分的案主都有以下這方面的問題：

- 無法經營長期的親密關係；
- 一再陷入虐待關係；
- 缺乏身體上的親密關係；
- 在朋友群中霸凌他人；

- 無法在關係中建立「健康的界線」（稍後會詳加說明）；
- 刻意去破壞關係。

如果你也深陷於類似的模式當中，那我建議你可以反思一下至今交往過的對象。事實上，當中都有一個共通點，也就是「你的參與」。這麼說不是要責怪你，而是希望你知道，你會不自覺去追尋不健康的關係，是因為內心還有未撫平的舊傷。

你在關係中扮演什麼角色，有很大部分是取決於你。想要翻轉人生、找到改變的良機，關鍵都在你身上。

你是哪種依附類型？

依附理論（Attachment Theory）是由心理學家約翰·鮑比（John Bowlby）在一九五〇至六〇年代發展而成的。他描述了幾種基本的人際相處模式，不妨花點時間瞭解一下。

一、「焦慮—逃避型」（或「排斥—逃避型」）

在成長過程中，內心的渴望與需求一直被父母或照顧者忽略，就會發展出「焦慮—逃避型」或「排斥—逃避型」的依附心理。

換言之，你會很難與他人親近，一概迴避所有親密關係，過著自我封閉的生活，即使他人敞開心房、展露情緒，你也不願分享自己的事。在這樣的武裝之下，你其實很寂寞，而且亟欲與人建立連結。

二、「害怕—逃避型」（或「混亂—迷失型」）

長期遭受身體或情緒虐待的人，就是屬於這種依附類型。

在養育過程中，父母或照顧者應當付出愛和關懷，但若一再傷害孩子，那麼他們長大後就會畏懼親密關係，既害怕孤獨、缺乏信任感，也會在情感上與人保持距離，以避免受傷或展露情緒。

三、「不安—矛盾型」（或「焦慮—過度專注型」）

這種依附心理之所以形成，是因為父母或照顧者經常搖擺不定，有時對孩子予以回應，有時又忽視不管。若生長於這種環境，孩子長大後就很黏人。他們在關係中會感到焦慮，渴望與人親近，但又過度警戒，就好像在「監控」父母的一舉一動似的，也常會感到嫉妒、不安或多疑。

我必須提醒各位，客觀地回顧童年並判斷自己的依附類型並不容易；往事有許多細節，並不容易明辨。多年來，諮商師的「現實感測試」就曾多次打擊我的信心。不過，這個練習能使人覺醒，看清走過的路、認可那些經歷，才能找到真實的自己。

不需急於分享，也不必過度保護自己

我希望能幫助各位建立「安全」的依附心理，讓你們可以：

- 敞開心胸，進行有意義的溝通；

- 以同理心回應他人；
- 建立並維繫健康的界線；
- 適當與他人進行身體上的親密互動；
- 擁有發自內心的安全感；
- 懂得與人交涉，藉以消除衝突。

安全依附型的人也會面臨關係上的挑戰，但他懂得如何處理困境，也容許自己有悲傷的心情，然後繼續前行。

找機會探索早期的童年經驗，試圖判別自己的依附類型，有助於改善成年後的人際關係。

我會和當事人一同練習，探究他們的依附類型與社交障礙，找出他們無法進入親密關係的成因。他們最大的挑戰就是要克服恐懼，以踏出改變的第一步。兒時經歷帶來很大的傷害，但那些至少是你所熟悉的事，所以你寧願維持現況，享有一定的舒適、自在感。但是時間不等人，勇敢踏入未知的領域，才會有所收穫。我會陪伴大家慢慢前行，請記得告訴自己，一切都會好轉。

許多人一發現，原來自己常受渣男（或渣女）所吸引，會馬上提高警戒心，以極為多疑、憂慮的態度看待新朋友與約會對象，深怕向對方坦露自己的脆弱之處後，又會落得同樣的下場。

但事實並非如此。踏入新關係時，不必全然展現自己的脆弱，但也無需滴水不漏地嚴密設防。「交淺言深、急於分享」、「構築心牆、摒拒他人」，這兩種心態都會使你言行不自然，致使孤立或寂寞的感受更加強烈。

過度保護自己，反而會錯失培養正向關係的機會。但你也應該學著設立界線，讓對方知道你的底線在哪。它就像安全索一樣，讓你能以謹慎而穩定的步伐踏出自己的堡壘，也讓他人走入你的生命。

想確定你所吸引的是否為健康的伴侶，就要先審視你與自己的關係。唯有先尊重及疼惜自己，對方才會看到你的價值，懂得好好對待你。

花點時間，回想你是否曾違背本能或直覺行事。回首過去，你應該會發現，當時明明心裡感受到一股指引的聲音，卻還是予以忽略。這項練習有助於培養自信，令你打從心裡相信，你其實有能力照顧自己。

復原妙方：培養感激的態度

或許這樣說聽起來很奇怪，但回首人生中的痛苦經歷，我會覺得那些都是命運的贈禮。雖然備受煎熬，無論如何都不想再重來一次，不過回想起來，我也從中學到了很多。許多人遇到挑戰時，會受困於負面心態而不願面對；明明是自己的人生，卻活得像過客般卑微。不過這本書的宗旨就是要幫助各位找到力量，創造屬於自己的人生。事實上，對生命越是感激，就越能吸引你嚮往的一切。無論是想找到伴侶、拓展職涯或享有優渥、舒適的生活，全都不例外。

如果一天之初就心懷憤恨、憂慮與恐懼，那不出幾個小時，這些情緒就會不斷增生，令你招架不住。感激的心就像護身符一樣，可以驅走自憐與無力感，並強化正向心態。不妨養成習慣，對生活中的大小事抱持感謝之意。不再糾結於對自己的不滿與憎惡，心情就會轉好。

每日感激清單

在一天之初，想想生活中有哪些人事物讓你覺得感激、自豪或振奮，並寫下其中三項。有時痛苦來襲，不容易找到這些正向的能量，但只要仔細留意，一定會有新發現。

以下是一些簡單的例子，希望能幫助讀者展開感激練習：

- 有乾淨的水可以喝；
- 有朋友可以跟你聊天；

- 有家可回、有個遮風蔽雨之處；
- 有書能增添生命智慧；
- 有太陽能提供溫暖與生命力；
- 有雙腿能走路、跑步、跳舞、玩耍；
- 有雙眼能讀這本書。

狀況不佳或身陷困境時，不妨試著改變觀點，從正向的角度看待，譬如：

- 被開除：轉換跑道的契機，好好思考人生的新方向。
- 分手：享受單身的自由，還能認識有趣的新對象。
- 身體有病痛：感謝其他還在正常運作的部位
- 遇到態度惡劣的人：己所不欲，勿施於人；提醒自己要以溫和友好的態度對待他人。

陷入困境時，任誰都不會把痛苦視為「禮物」。再回首時，才會發現那就是學習與成長的契機，所以總會有些什麼值得感激。

分享愛與感激

練習抱持感激之情，有助於建立根本的人生信念。你會相信世界充滿善意，隨時會對你伸出援手。肯定並擁抱生命中的各種經歷，日子會過得越來越順。在喜悅的心情下，就能深入地探索生命，獲得心靈上的成長。

別害怕與他人分享感激之情，如果有人觸動了你的生命，請大方承認，並感謝對方帶給你愛與啟發；也謝謝他給你的支持，或傾聽你的心事。千萬別等到為時已晚，才後悔當初沒有表達感謝之意。小舉動就會有大收穫，趕快敞開心房，對周遭的人表達感謝吧！

第四章

其實你是神力女超人

看清自己的真貌，
找到生活的熱情，
才能夠真正復原。

在療癒之路上，我們必須聚焦於自己想要什麼，並思考該如何改變才能達成目標。許多人總認為，夢想中的生活不可能成真，所以不努力去爭取，寧願劃地自限，活得綁手綁腳。但事實上，我們應該要釐清內心真正的渴望，藉以瞭解自己的本質、潛力與目標，然後帶著蓬勃的生氣與熱情擁抱人生。

要想復原，必須全方位改造生活，不能只求心情變好。藉由這個機會，我們才能得到真正的啟發，實踐深度的改變，在各方面都徹底覺醒，為自己注入豐沛的生命力。

現在就發揮求知精神，探究困住你的究竟是什麼吧。

批判之聲就像霸凌者一樣

要想復原，光是承認批判之聲存在，並瞭解它對你說話的方式還不夠。你還必須觀察生活中有哪些層面受到牽連。

或許你覺得情況沒那麼嚴重，但我保證，批判之聲會扯你後腿，讓你無法成為最好的自己。這股破壞性的力量必然會影響到愛情、親情、友誼，以及學業和職涯上的選擇，而且還會孤立並懲罰你，讓你困在恐懼之中，無法擁有抱負、追求夢想。

它不斷製造自我批判的念頭，也會引發某些言行，導致你的羞恥感以及對他人的憎惡都越發強烈，像是：

- 討厭看到別人成功；
- 忍不住與他人比較；
- 因別人的成功而覺得受到威脅；
- 喜歡談人是非；
- 批評他人的外表；
- 有優越感，覺得自己高人一等。

這些都是批判之聲的手段，用來深化你的羞恥感與自我憎恨，但其實你有能力調整這些言行。

要想復原，不光要改掉上述的想法與行為，還得在生命的各個層面給予自己充分的愛和照料。復原就是培養自我賦權的能力。讀者不妨開始思考，自己有哪些地方需要療傷、撫慰。回想一下你與家人、朋友溝通的方式，並開始反思，你通常如何表達自身需求、訊息是否明確？

對許多人而言，生活就是生存，不過是捱一天算一天。每次我問當事人過得如何，得到的回答總是：「還可以啦……」彷彿一點熱情或目標都沒有。我們對人生的期望為什麼這麼低？連做夢都不敢？

陷入批判之聲的羅網時，你隨時隨地都會懷疑、鄙視自己，還會因為自我侷限而無法發揮能力。你很難靈活去思考自己想要什麼，未來又想過怎樣的生活。

在本章節中，我們要探究你在事業、學業與自我發展方面所追求的目標，看看它們是否真能讓你發揮熱情與創意。讀者應該多加思考自己真正所愛、真正所在乎的是什麼。

長期以來，批判之聲就像濃霧一般，使你的存在黯淡無光。你必須探究真實的自己並挖掘熱情，才能夠復原。與這股聲音生活，就像被兇殘至極的惡霸壓著打一樣。你會不斷被貶損，因而深信自己能力不足、不夠好，所以寂寞也是應該的。在批判之聲的操作下，你最害怕的情況一定會發生。它持續灌輸你負面的想法，形塑你的思考方式，一點一滴消磨掉你對自己的信心與信念。

但這一切都將會改觀。在復原途中，你會培養出信心與勇氣，為自己注入能量與熱情。各位可能會覺得，世上哪有這麼好的事，但我保證，扭轉人生真的不是天方夜譚。

的確，在目前這個階段，各位即使有意願要改變，但還是會覺得很害怕，畢竟負面的行為模式會讓人有安穩的錯覺。不妨轉換一下觀點。你付出了這麼多的信任，批判之聲卻一直在傷害你，你沒有得到安全感，情緒與心靈方面的成長又受到阻礙。由此可見，它的首要目標是要把你困在煉獄般的現況。你都已經承受了數不盡的苦與悲，何不現在就趕緊改變呢？

自我激勵

如今，各位的生活都被低落的自信與自尊所侷限，所以自認能力不夠、不相信自己。只要消除這份無所不在的自我懷疑，人生就會有更多可能。

如果要讓你不覺得自己很糟，你會怎麼做？會去什麼地方？會想追求怎樣的目標？這些問題想必很難回答。許多人的批判之聲在性格形成的關鍵時期就已深植心中，所以根本沒有餘裕去思考這些事。但請相信我，即使你從前不相信自己，也不代表現在沒機會綻放光芒。允許自己做夢，看看生命會把你帶往何處。在這趟旅程中，欠缺自信是你必須克服的最大障礙，但你有能力療傷，也一定可以復原。

被恐懼侷限的思維

我從事心理工作這麼多年，發現個案有某些共通點。許多人都說，自己不敢奢望理想中的完美人生。作夢的都是蠢蛋，夢想成真只是自欺欺人的空話，我們終究會被現實打敗，以失望收場。

這就是「被恐懼侷限的思維」，它會讓人作繭自縛：明明想改變，卻又不敢有積極的作為。許多人總認為，如果過去失敗，未來就不可能成功。他們一直以來都與批判之聲共存，聽它每天羞辱自己、說自己沒用，你的心神就這麼消耗殆盡。由此可見，過往經驗不能用來評估自身的潛力。

我們每天與批判之聲共存，還是設法達成了引以為傲的目標。不妨轉念想想，要是可以變得健康、快樂，看清自己想要什麼，並勇敢地去追求，那往後的成就絕對會更甚從前！

回顧過去時，有些人會沮喪地發現，原來自己長期以來都活在批判之聲的惡夢中，浪費了寶貴的人生。這事實令人沮喪，但希望你把從前的經驗視為珍貴的課題，從中汲取智慧。

記住，其實你堅強又充滿韌性，這些特質是上天給予的禮物。從現在起，它們會一直在人生的路上扶持著你。或許你現在還無法領會，但總有一天，你會心懷感謝，多虧了自我懷疑的那些年，你現在才有機會踏上復原一途，放手去追求內心所渴望的一切，努力改善自我與人際關係，並滋養自己的心靈。

現在就開始探尋內在力量，追求你真正想要的人生吧！兒時的夢想和遠大的抱負，一直以來都被壓抑，所以你沒能放膽追求真正的渴望。但現在，機會就在眼前，你不僅可以勇敢表達自己，還能讓美夢成真。

你最害怕的事情都會發生

若要改變並重整生命中的一切，大家應該都會覺得不知所措，這是很正常的。被恐懼綁架的人很多，再加上批判之聲的洗腦，你做任何事都會畏首畏尾。它們就像低頻雜音一般揮之不去，在你心中浮現某些想法時，甚至會突然爆發，導致你做出自我懷疑或自我毀滅的舉動，並在當下感到極度恐慌。

你與恐懼的關係，完全取決於你有多相信它的真實性。想想看，對人類來說，恐懼與害怕的存在是為了什麼？其實就是為了保障我們的安全，譬如讓人不敢走向迎面而來的車陣或把手伸到火裡。恐懼的用途就是避免讓身體受傷。然而，我們的思維充滿太多畏懼，反而變成侷限，導致它造成的負面影響遠遠大過正面功效。

所以，你總是瞻前顧後，戒慎恐懼地活著，深怕會有壞事發生。這樣的心態或許是承襲自父母，也可能是父母刻意教導，又或者是在成長過程中逐漸習得。以前我很怕失敗，從來不敢嘗試新事物，但後來我瞭解到，無論結果如何，每一次的經驗都有其價值。

過度恐懼沒有意義，還會使人感到無力，無法發揮潛能，因而灰心喪志。帶著被恐懼侷限的思維規劃人生，就會不自覺重現過往的熟悉經驗，實現了自我應驗的預言。換言之，你不但會在當下感到害怕，還會將恐懼投射到未來的人生中。

壞事總會降臨，恐懼是沒用的

要想擺脫被恐懼侷限的思維，首先必須認知到，它也是批判之聲作祟的結果。學習如何分辨正面與負面的思維，就可以看出，有些恐懼的念頭其實是源於批判之聲。

我總是建議個案改掉以恐懼為核心的思考方式，許多人會說：「但不好的事確實會發生啊，完全不怕也不行吧！」我會補充道，放下恐懼不代表將來再也不會遇到任何壞事和挑戰，重點是要相信自己走在正確的道路上，而命運中該遇到的，都會降臨到你身上。

當然啦，人生有時的確很苦、很難，但在那些時刻，我還是相信可以有所獲。遇到不順利的事，我也會相信，當前所追求的其實並不屬於我。神奇的是，不遠處經常都有更值得努力的事在等待我，或許這就是所謂的命中注定吧。

就算時時刻刻保持戒慎恐懼，痛苦和失落還是會降臨，無論你多害怕都徒勞。一生當中難免會失去什麼，而這樣的遭遇多半都不在你我的掌控和預料之中。有時我們也會很難接受現實，但生命就是充滿了不確定性。

以我自身的經歷而言，只要以開放的心面對人生，相信宇宙會替你做出最好的安排，最後一定能得到自己所需要的一切。這樣的論調也許太過樂觀，但是我很久以前也跟你一樣懷疑人生。請不要放棄，給自己一個機會，體驗抽離恐懼的新思維。

恐懼的運作模式

恐懼可以操控人的行為與情緒，瞭解並攻破其運作模式，生活才能有所改變。盡可能誠實地面對恐懼，並試圖察覺害怕的感受。多多練習就會發現，恐懼通常會在某些情境下現形，且時機不難預測。每個人的恐懼模式存在許久，就像背景程式一樣不斷運作，平時根本不會特別去注意。要是能察覺到恐懼的存在，瞭解其運作機制，就能掌握自己何時會被害怕的感受所控制。然後，你就可以堅守陣地，與恐懼正面交鋒，以全然不同的方式處理情緒。

舉例來說，每次有人邀你去陌生的場合時，害怕的感覺就會湧現，你還會為自己找藉口「我太忙了，沒空出去」、「到那裡一定會沒話可講」、「沒有合適的衣服可以穿」等等。這就是恐懼的運作方式。乍看之下，它好像在保護你，但其實是在貶低你的自尊，讓你覺得自己不夠好。你越是放任恐懼，害怕的感受就會越強。

恐懼的念頭興起時，不妨以正向的心語來自我肯定。舉例來說，若批判之聲說：「去參加聚會沒人會聽你講話。」那你可以回答：「那我去那裡當個好聽眾。」

先覺察自己的念頭，才會握有選擇權，進而有所改變。瞭解恐懼的運作模式，看到自己被觸發的反應，就能分辨出哪些想法有益或是令你躊躇不前。

恐懼就是批判之聲的化身，會阻礙你復原。當局者迷，瞭解其運作模式後，你就能從觸發恐懼的因子中抽離，找回安全感，去感受那個更好、更有愛與同理心的自己。狂躁的恐懼平息下來後，你才聽得到心中那股充滿智慧的鼓勵之聲。你從未察覺到它的存在，但從現在起，你一定能聽見。

對付恐懼的祕訣

害怕就說出來

當思路被恐懼籠罩時，不妨把害怕的事情說出來。有時只要打給朋友傾訴，情況就會有所改善。如果你選擇沉默，就等同為恐懼加上防護罩，心中的壓力會沉重許多。

能向人傾吐當然最好，或至少和鏡中的自己對話。無論如何，把害怕的事說出來，大多能帶來神奇的功效，不但能減輕恐懼造成的影響，你也會瞭解到，那不過是批判之聲在作祟，不必予以回應，只要從旁觀察就好。

質疑對自己的負面看法

想法並不等於現實，你認為自己很糟，但實際上並非如此。心態會影響你看待自己與周遭事物的眼光。

超脫那些自我貶抑的想法，就能以旁觀者的角度看待自己，觀察思緒的流動與變化。雖然你總是以固定的方式在回應某些想法，但其實你有選擇權，你可以任由那些想法飄來飄去，不須跟著它們起舞。

放下無用的比較心

不斷與人比較，就會活在恐懼中，而最後的結局只有兩種。你會將不健康的念頭合理化（反正大家都那麼愛比較），或是讓自己陷入哀怨的情緒中（某人比我年輕，卻早早就結婚了）。

透過書中的療癒練習，我希望能引導各位欣賞自己真正的模樣，不要從外在尋求認可。批判之聲喜歡讓你感到孤立，你的傷口也因此難以癒合。與他人比較毫無意義，這無異於攻擊自己，也沒有正面效益。不過如果你願意練習，不妨多多留意自己愛比較的心態，就可以改掉這個壞習慣。

不要藉由批評他人來安慰自己

經過多年來的觀察，我發現我的案主都喜歡說三道四，以此來安慰自己。感到受傷、徬徨時，就會想批評別人，藉此讓自己好過一些。但事實上，這種負面行為只會使人精力耗盡，並喪失同理心。

批判這種武器也是因恐懼而起，專門用來使自己孤立，並感到寂寞、空虛。當然啦，每個人都難免會對他人有批判之心，但只要多留意自己的企圖，就能找回寬容的心態。

投入藝術的懷抱中

當害怕的情緒湧現時，不妨從事一些休閒活動，比如藝術創作。恐懼會使人裹足不前，誤以為留在原地才最安全，但你絕不會滿足於這樣的人生。每個人心中都有豐富的創造力，等著自己去發掘。活在恐懼之下，創意便會被扼殺，人就無法探索自身真正的熱情所在。

畫畫、寫作和唱歌都是很棒的活動，能讓你用自然的方式表達心聲。若還不確定什麼方法最合適，那就大膽實驗、多方嘗試看看。有些人無法放開心胸去創作，那代表內心有更深層的恐懼。不妨問問自己究竟在害怕什麼。創作的精神在於自由，所以不用害怕被人評判。

恐懼會阻斷通往完滿人生的路，使你無法探索外在的世界與內在的自我。生命的美好之處在於，你不必活得完美無瑕、毫無缺失。即使遭遇困境和失敗，你也能從中發現愛以及各種收穫。每一次的拒絕與傷痛，都是成長茁壯的機會，失去與結束都有其意義。克服恐懼、得到勇氣，就能為自己注入力量。

無論你害怕的是什麼，都勇敢去面對吧，這樣才能找到真正的自己。

把空白筆記本放在包包裡或擺在手邊，隨心所欲地塗鴉或寫下心中的想法。

復原妙方：製作夢想板

把夢想實體化

夢想板很有效。可以強化療傷的動機，使人心情好轉，並更加專注於目標。找出對你有啟發性的文字與圖片，讓你看了就能量滿點。製作夢想板，就是在探索、描繪自己人生各個重大階段的目標與憧憬。

不妨使用具體的圖片（比如你想住的房子或居住環境），或是列出抽象的概念，又或找出能激發正向感受的顏色。重點在於完成夢想板後，你會興奮又充滿希望，對未來的每一天也滿懷期待。

夢想板能幫助你顯化心中的願景，讓你找到實踐方法。具體地描繪目標，成功機率就會大為提升。

板子製作完成後，記得放在顯眼的地方，才能不時提醒自己。

設計原則

剛開始設計夢想板時，腦中常會一片空白，畢竟在自我憎恨與負面思考中受困了那麼久，很難對人生有美好的展望。

所以，我列出了以下祕訣，希望能幫助各位順利上手：

分成五大區塊：關係、職涯（學業）、住家、旅行、啟發

1 關係：你想認識怎樣的人、和怎樣的人相處？你希望與自己和他人培養什麼樣的關係？你希望伴侶有哪些特質？你想要小孩或養寵物嗎？

2 職涯（學業）：你對哪些工作或科目感興趣？把相關圖片貼在夢想板上。如果還不確定未來想做或想學什麼，那就好好探索一番，天馬行空地想也沒關係。往後若有覺得不合適的目標，也可以修正或放棄。

3 住家：把以後想住的房子貼在夢想板上，什麼類型都可以。有些人可以精細描繪出住家的各項細節，但如果只有外觀也無妨，只要能幫助你展望未來都可以。在我的夢想板上，有別墅、閣樓公寓和農村小屋。去思考各種可能的生活樣貌，願景就會變得越來越清晰。

4 旅行：收集圖片，把想去的地方貼在板子上。

5 啟發：只要能帶來動力，全都可以放上去。我會貼上傑出女性的相片，還有激勵我成長的名言。

夢想板完成後，在背面寫下製作日期。舊的板子要留下來，開始朝夢想努力後，可以拿出來回顧，以增加自己的成就感。你將驚豔於自己的進步幅度，也會越來越相信，任何事都可能成眞。

第五章

常有莫名的羞愧感，但錯不在你

以負面眼光評判自己的本性，
羞恥感就會油然而生。

深、呼、吸。你一路堅持到現在，真是不容易，所以無論批判之聲怎麼說，請聽我一句：「你很有勇氣。你願意挑戰自己，並以充沛的愛與溫暖走上這段療癒之旅。這就是真正的勇敢。」

太多人都被創傷與羞恥感所綑綁。現在，我們要花點時間來瞭解這兩項議題。在這段復原之旅中，你能更深刻地剖析、洞察自己的糾結之處。對自己寬容一點，找出合適的步調繼續前行吧！

羞恥感是無用的心理逃避機制

一如先前所述，許多人並未察覺到批判之聲的存在，也不知道要起身對抗，經常到了崩潰邊緣才決定求助。有些人無法再抑制焦慮的情緒，也有些人憂鬱到無力面對人生。換句話說，大多數人都在硬撐，卻沒能以實際作為來緩解它對自己造成的傷害。

尋求專業協助是必要的，但許多諮商與治療方法都著重於化解「表面問題」以及主要症狀，也就是試圖控制「焦慮或憂鬱」的情緒。很多人對這種療法心生畏懼。事實上，很多「症狀」都是長期累積下來的情緒應對機制，但許多專業人員不會將這項因素納入考量。這些機制突然受到威脅或被解除的話，當事人反而會感到極度脆弱、毫無防護。

我以先前一個當事人為例。三十一歲的伊絲拉從事公關業，雖然工時長、壓力大，但還是很喜歡這份工作。焦慮問題困擾了她很多年，近來她症狀加劇，於是請了病假。家庭醫生開了抗憂鬱藥物給伊絲拉，而她也在當地醫院進行認知行為治療（CBT），但情況卻越來越糟，最後絕望地向我求救。

在諮商期間，我發現伊絲拉的自尊已跌落谷底，她認為自己很失敗，身體不好、也看不見未來。在一起探索她的焦慮感後，我們才發現她心中有一股霸道而專制的批判之聲。

它所說的話多半與伊絲拉的工作有關，譬如「你一定要竭盡所能地努力工作才能成功」、「你要是無法在工作上證明自己，就會被開除」、「大家都覺得你又懶又笨」。

這些不健康的念頭讓伊絲拉羞恥至極、焦慮不已。她背負著沉重的壓力，又覺得自己比別人差。為了讓批判之聲「閉嘴」，她總是工作到很晚，不斷逼迫自己前進，最後整個人精力耗盡。

我引導她抽離負面的思考模式。過程中，她發現那些念頭都源於深植內心的惡性自我對話。瞭解到這一點後，她越來越有信心，相信自己能啟動富有同理心的鼓勵之聲。她開始獲得能量，焦慮症狀也隨之減輕。

與批判之聲共存的人，時時刻刻都活在羞恥感的陰影下。在心裡，他們認為自己有缺陷、比別人差、活著沒意義又沒吸引力，又彷彿做了很多罪不可赦的壞事。這份羞恥感會向外投射，形成自己對他人的看法以及對外在世界的恐懼。所以他們很在意旁人的眼光，深怕外界會發現自己有缺陷、比別人差、活著沒意義，又缺乏吸引力。

許多個案都會擔心，當自己真正的模樣暴露出來或「被人揭發」後，會被眾人排擠。這股對外的羞恥感使他們更想自我孤立，躲在沒人能看見的地方。

有位飽受羞恥感之苦的當事人勇敢地分享了自身經驗：

我有許多的情緒應對機制以及失調行為。我的內心有許多糾結，也認為它們已成為我的一部分，永遠也擺脫不了。我一直都瞧不起自己，自認窩囊、無能。我感到很丟臉，還打從心底認定自己既差勁，頭腦又不清楚。我想盡辦法要忘記早年的經歷。那些慘痛的過去，都是我自己造成的，對於諮商我也害怕至極。我不敢讓人看見我真實的黑暗面，深怕對方會鄙視我、辱罵我。後來我才瞭解，我的內心是為了回應過去的創傷，所以才會產生羞恥感。而我療癒的歷程也就此展開。

在此，我們必須清楚說明「羞恥感」與「罪惡感」的差別。這兩個詞經常連袂出現，但意思並不一樣：

羞恥感：以負面的眼光批評自己的本質與個性。有些人在受到身心創傷後，自我觀感會變得很差，自認為「軟弱」、「差勁」。

罪惡感：以負面的眼光批評自己的言行。舉例來說，有些人無法按時完成工作，進而影響到團隊的表現，因此產生罪惡感。

這兩種心態會導致人們做出不同的行為。有罪惡感的人，會想要補償、道歉或修正某項行為，完成之後，心裡的負面感受會減輕，自我觀感也會比較正面。在某些情況下，罪惡感其實有益身心。相較之下，羞恥感不能帶來什麼效益，只會使人沉默、孤立。所以分辨這兩種心態非常重要。

回顧過去，才能朝未來前進。在諮商過程中，除了進行各種療癒的練習、修復羞恥感造成的負面思維，也得探究這些念頭是源自何處，才能進入所謂的「問題核心」。

許多研究一致顯示，人在受創後採行的負面應對策略，其實和羞恥感密切相關。陷入自我否定時，就會認為自己有許多缺點、毫無用處。許多人也會因為一想到自己的個性與經歷，就會覺得很丟臉，而不敢尋求協助與支持。

在我看來，每個人現在的模樣，其實都源自於他未撫平的創傷，而身心症狀就是他們的應對機制，也多少有其功效。不過，如果想消除批判之聲和因之而起的有害行為，不再繼續受苦，還是得學會以有效的方式積極處理創傷，消化受創的情緒。

童年創傷會不斷影響往後的人生

每次我請當事人回想過去的創傷，大家一開始都說自己從來沒有類似的經驗。其實多數人都有，只是不知道那些遭遇有多嚴重。

說到創傷，大家多半會想到戰爭或其他可怕事件造成的創傷後壓力症候群（PTSD）。某些人的症狀確實與PTSD有關，但我所說的創傷不限於此。無論是直接發生在你身上，又或者只是目睹，只要是會使你的心靈受創，都算「創傷事件」。在發生後，人們會不知所措，並持續造成各種問題。

我的許多個案曾被霸凌，然而在評估階段卻從來沒想到要提起那些經驗。他們童年時在學校被同學欺負，但沒有人來排解或處理。然而，這樣的早年經驗會嚴重影響自我觀感及人際關係。

在羞恥感的影響下，人會對自己產生某些既定的觀感。試想學生會遇到的霸凌手段，就不難理解這些惡性的觀念為什麼會發展成型：

羞恥的念頭	霸凌的言語
「我有很多缺點。」	「你好奇怪，你這個人有問題！」
「我比別人差。」	「你很笨欸！」
「我的存在沒有意義。」	「怎麼不去死一死啊！」
「我沒有吸引力。」	「你又胖又醜！」

兒時，我們接收到旁人的訊息後，就會牢記在心，直到成年後都還忘不了，也從來不質疑。父母或主要照顧者是孩子最愛、也是最重視的人，他們說出的話會深

刻地烙印在孩子心中，影響他們長大成人後的自我觀感。

有些創傷事件及其後續效應不難察覺。舉例來說，出車禍以後，人的情緒會很低落、變得很沒安全感，身體的痛楚也令人開心不起來。有些創傷則比較幽微，不是那麼容易被發現。例如有些人生長在父母失和的家庭，他們始終不瞭解，成人的世界為何那麼複雜，也不曉得該如何置身事外。他們的內心嚴重受創，但在回顧過往時，通常不會覺得那有什麼好大驚小怪的。

在身心安全的環境下，讀者不妨想想兒時受過的創傷。這需要花點時間深入探究，畢竟那些發生在久遠的童年時期。許多人都想不起細節，甚至毫無記憶，也很難想像自己在受創之前的模樣。

也就是說，創傷如果發生在童年時期，就很難找回受創前的自己。而我們也無從得知，現在的言行有多少是受到創傷事件所影響。

要完整剖析內心的創傷，除了需花時間回想、談論令人痛苦的記憶，還要推斷出創傷的成因。而我們怎麼也想不透，自己為何會陷入當前的處境，所以才倍感苦惱、困惑。

我常聽當事人說：「我真的不知道自己為何現在會是這樣。我小時候明明就過得很好啊！」也常有人說：「我從沒受過創傷，還是變成這樣，一定都是我自己造成的。」還有人：「很多人的處境都比我慘，我以前的經歷絕對稱不上有受過創傷，畢竟我不是那麼自我中心的人。」

有些個案的覺察力比較高，已發現自己的創傷經歷，也看出它們對人生所造成的影響。不過，他們都覺得自己受傷是活該，所以必須為那些遭遇負起某些責任。

他們也認為，自己那些不健康的言行與行為模式，背後絕不可能有合理的原因，所以想把責任都往自己身上攬。不過，如果他們能後退一步，花點時間審視一路走來所受過的傷，就會發現人生有很多經歷，其實都是創傷遺留下來的影響。

尊重並接納真正的自己

不必拿自己的過去與他人比較，重點在於探究那些經歷對你造成的影響，以及你從中學到什麼。

剛開始回顧早年創傷時，許多當事人都會說：「這有什麼意義？已經發生的事又不能改變！」或是：「太痛苦了，我辦不到。」沒錯，我們的確無法改變過去，但這並不代表從前的事不值得深究。早年經驗可以帶來許多珍貴的領悟，甚至為你注入力量。

但既然下定決心要探究早年的創傷，那麼請把自我關懷視為第一要務，這樣才能在堅實的心理基礎上回顧過去。找人諮商當然很好，不過跟其他人交流互動也很有幫助。創傷會使人孤立並脫離現實，所以時常和他人建立連結，才是療傷的好方法。

回顧的過程並非一蹴而就，必須分成多個階段慢慢進行，其中最重要的就是培養安全感，因為這是復原之路的基石。如果還沒準備好，請不要逼迫自己談論或揭露過去的傷。

我有位當事人名叫克萊兒，她在回顧童年經歷時，什麼都想不起來，所以很難消化或理解從前的創傷。以下是她重建自我連結的心路歷程：

踏上這趟旅程後，我開始反思自己有哪些不健康的應對策略，並試著培養對自己的同理心。起初挫折感很深，我想不起童年的創傷，除了幾場生日派對以外，什麼事都不記得。後來我才發現，我早年經歷了一些很痛苦的事，而聰明的腦袋決定忽略那些記憶。我很小的時候就已學會，遇到不妙的情況時，要馬上抽離、置身事外。如果想要復原，不一定非得把每件事都記得一清二楚，只要對自己承認，自己的確有受到創傷事件的影響。

接納真正的自己，你會感到放心、踏實許多。

在安全的環境下訴說自己的創傷經歷

批判之聲會催生出許多惡性的應對機制，讓你用來應付難以處理的痛苦情緒。

找不到過往的創傷經驗，或是還沒消化完成，請務必記得：有些創傷很明顯，但有些很隱晦。

有些人年幼時沒能得到穩定的支持、愛與關懷，他們內心的傷痛，其實不亞於遭受身體暴力的人。此外，在探索並承認過往經歷的同時，千萬不要拿自己的創傷與他人比較。

想起創傷的往事時，批判之聲會探出頭來，而我們的功課就是學會不要相信它。批判之聲會說，你遭遇的事不算什麼，每個人多多少少都得承受那些痛苦。它還會冷嘲熱諷說，事情之所以會發生，完全就是你自己的錯。

瞭解鼓勵之聲和批判之聲的差別，就能預測自己的情緒反應；在剖析痛苦的回憶與經歷時，也懂得對自己體貼一點。

在受創的當下，我們都會想逃離一切，但潛意識裡又希望旁人能給予關懷、聆聽。在最難受的那段歲月，我也渴求安慰，並深陷在羞恥感中。在這個階段，每個人都不願意把自身的經歷告訴旁人。但請別擔心，本章的重點不在於把痛苦昭告天下，而是要幫助你接納自己的經驗與創傷。光是做到這點，就能達到極佳的療癒效果。盡情悲傷，哀悼過去，就能繼續前進。

訴說的練習聽起來有點嚇人，所以一定要以適合自己的步調進行。你會很想躲回負面應對策略的保護傘下，但請記得，那些自毀式的行為機制只會造成反效果。你每天都活在痛苦中，請不要再折磨自己。事實上，那些不良的應對機制只會讓你過度關心外在的認同與成就，譬如學業或工作，導致你忽略自己真實的面貌，以為早年的創傷沒什麼大不了，最後反而更不快樂。

童年時形成的人生腳本

進行復原練習時，我們必須承認心中有個受傷的孩子（內在小孩的概念稍後會詳加討論）。在成長過程中，孩童如果缺乏適當的成長環境，就會喪失單純、喜悅、敏銳與創意等正向特質，但傷痛、恐懼與失落卻會一直留在心中。

長大後，心中那個受傷的孩子仍會在潛意識中左右你的決定。早年的傷痕沒能治癒，又與內在的小孩缺乏連結，成人就會有各種情緒問題。

內在小孩會承載我們的童年經驗，以及那些事件帶來的影響。童年時，我們內心會發展出一套人生腳本（Life Script），它會影響往後人生的所有決定與選擇。我對這套理論一直很感興趣，在回顧過往的經歷與行為模式後，更能感同身受。雖然它從小就存在，但並非無法改變。

回首過去，我在愛情、友情與工作等各方面都看到許多不斷重複的模式，相同的情節也一再上演，只是角色有變……除了我以外。先前提過，既然你是所有事件的共通點，那麼請各位接受現實：需要改變的，只有你。

人生腳本就是潛意識所下的生活指令。童年時與主要照顧者的互動過程會慢慢累積，並形成你的人生腳本。雖然我們經常沒意識到，也不知道這腳本是從何而來，但它負面的影響力很大，你成年後的各種選擇都會受它所侷限。

換言之，兒時接收到的訊息會在我們不知不覺中，累積成人生腳本。這些訊息的來源有四種：

1 模仿：觀察父母的言行，進而形成自己的行為規範。有些人從小看到父母苦幹實幹，長大後就不自主地也會賣命工作。

2 屬性：對於孩子個性與特徵的評價，譬如懶惰、好命、粗心、漂亮等。這些意見會內化到孩子心中，影響他們的自我觀感。

3 建議：多半像格言或成語，譬如「熟能生巧」、「流淚撒種，必歡呼收割」等。孩子接收到這類訊息後，會當作人生守則。

4 斷言：譬如「你這輩子不會變大人物」、「婚姻是愛情的墳墓」等。

這四種訊息也有正面的，但負面訊息一旦出現，就會大大侷限孩子的人生觀，對他們的未來造成難以挽救的傷害。在成長過程中，孩子會劃地自限，做事綁手綁腳，並不斷重蹈覆轍，把自己的精力與熱情消耗殆盡。最後，他們會覺得自己無力改善現況。

當年充滿挫折感的我，決定退後一步，以客觀的角度觀察人生中一再上演的情節，並認識到人生腳本的概念。那時候我才發現類似的事件之所以不斷重現，就是因為那份腳本在背後作祟。

我和個案一起探索人生腳本時，都會請他們自我檢視，生命中是否存在反覆重現的模式，並回顧他們童年時期接收到的訊息。人們都知道自己害怕的事物，但無法釐清它們源自何處。

「我總是被拋棄」

有些人總是害怕被拋棄，擔心所愛的人會離去，自己卻無力阻止。在投入一段關係前，若老是懷著這樣的負面心態與成見，就會在不知不覺中接觸有問題的對象與情境，使恐懼的事情成真，還自以為應驗了預言。

舉例來說，你老是和不負責任的人交往，或不斷與戀人分手。這兩種情境都會使你孤身一人，並強化人生腳本中那種「我總是被拋棄」的設定。

三十八歲的希爾拉來找我時，是想尋求生涯方面的指導。她希望在工作和生活方面取得平衡，卻無從著手、提不起勁，也不知道該如何翻轉既定的關係發展模式：

每次我都跟心目中「完美」的對象瘋狂陷入熱戀，但也會在一年內迅速告吹。好多次都這樣，結束時我都很難過，還很痛恨自己。因此我打從心底相信，自己不配得到任何人的愛。

瞭解人生腳本的概念後，我看清了自己生命中的某些模式。我的戀情會無疾而終，是因為我選擇的都是受過傷或不負責任的對象。我想從童年時的經歷找到答案。父親在我三歲時就與母親離異。在那之後，我和他的關係就很不穩定，而我總是很努力地想博取他的愛與關注。

因此我發現，在我的人生腳本中，有一條守則就是「男人都會離開」。所以，我總是無意識地去追尋不穩定的關係，以印證這個信條。坦白說，其實我都有發現到對方並不適合自己，但我只在意預言是否會成真，所以忽略了那些問題。

有了這份體悟，並發現自己的行為模式後，下一步怎麼辦？先別急，其實，能辨識出一再重複的行為模式，就算是成功踏出第一步了。畢竟，先找到出發點，才有改變的契機。認知到問題後，才能從各個角度審視人生腳本，並判斷出有益以及有害的內容。

有個方法非常有效：我會想像自己五或十年後的模樣，並簡短寫下那時的狀況，譬如職涯發展、居住地點以及人際關係等。我還會加入許多圖片，讓那些願景更鮮活。接著，我會看看自己的核心思維中有哪些是無益的執念，並試著以正面的想法來取代。換句話說，我從成人的角度重寫了人生腳本，不再受制於小時候在不知不覺間接收到的訊息。

我花了好些時間，才成功訓練大腦以不同的方式思考。只要持之以恆，就一定有效。如今，雖然某些情境還是會觸發我的負面回憶與情緒，但我能馬上覺察到它們出現，並選擇用其他方式去回應。只要用對方法，改變並非不可能。

你必須讓內心那個受傷的孩子知道，現在有個成年人可以照料他了。許多人一輩子都在向外尋求答案，以為找到合適的人或環境，就能治療童年的創傷。但事實上，只要對內在的孩子許下承諾，說你會保護他的安全，在他生病、寒冷、飢餓時給予關懷、溫暖與食物，那他的創傷就能慢慢癒合。心中的孩子放心、有安全感後，你就能放下一些不良的應對策略，因為後者是在你童年時期為了求生存而發展成形的。

內在的小孩變得健康，我們才能遊玩、歌唱、跳舞、創作，實踐生命的多種面向，讓內心充滿喜悅。與他進行坦誠而開放的對話，並給對方一點空間，並適時給予關懷、聆聽他的心事，傷口才會慢慢癒合。

療癒小撇步

回想你小時候喜歡做的事情、喜歡吃的東西。回味那些愉快的體驗，重溫兒時所喜愛的一切，就能為帶來舒心的效果，療癒成年人的疲憊。

復原妙方：如何愛自己

在日常生活中愛自己

愛自己並不奢侈，而是必要的生存技能。這個概念經常受到批評，許多人一聽到這個詞，腦海裡就會浮現出一大堆美甲和泡泡浴的畫面。坦白說，這些休閒活動有其價值，但大家都因此誤會了愛自己的本義。自我關懷應該是在日活動中不斷地規律練習，才能強化身心健康，幫助我們恢復並維持生活平衡。

許多人只有在陷入危機時才會自我關懷，總要等到身心耗竭、瀕臨崩潰時才懂得停下來喘息一下。也有些人認為，愛自己就等於放縱，所以除非有特殊原因要自我犒賞，否則從來不花時間在自己身上。但愛自己是一種習慣，只要能規律地在生活當中實現，壓力與緊繃感都會減輕許多。

為什麼要愛自己？因為我們想要：

- 減輕焦慮與壓力。

- 尊重自己的情緒與心靈需求。
- 促進身心健康。
- 與自己和他人培養親密的關係。
- 維持內在的平靜。

制定自我關懷計劃

自我關懷計劃是新穎的概念。一開始大家應該不太知道該從何著手，所以我列出了一些愛自己的例子，供各位參考。不過請務必挑出真正對你有用、會讓你感覺良好的做法。選用其中幾項來維持日常的身心平衡，陷入危機時，則以其他方式來因應。

制定出自我關懷策略後，不妨跟支持你的人分享，我就經常和朋友聊到愛自己的方式，也經常互相推薦好書，或分享有益的經驗與見解。

愛自己的練習法

- 到大自然中散步
- 按摩／做指甲／做臉
- 喘口氣
- 遛狗，或借別人的狗來遛！
- 收聽有啟發性的Podcast
- 跟著你最愛的音樂劇大聲高唱
- 畫圖或著色
- 寫信或電子郵件給很久沒見到的人
- 看爆笑的電影（這是我的最愛）
- 早點上床睡覺
- 在窗台上種些香草植物
- 花時間和有想法的朋友多交流
- 各種正念練習
- 二十四小時不上社群網站
- 唸故事給自己或朋友的小孩聽（這是個不錯的正念練習，能讓你感受當下）
- 隨處傳達善意（花幾分鐘和獨居的人聊天或買杯茶給陌生人）
- 編輯令人愉悅的音樂播放清單
- 和朋友一起運動
- 自己去看電影
- 寫詩或從事藝術創作
- 擁抱你愛的人
- 告訴親友你愛他們

寫下三項吸引你的練習，無論是上表提供或你自己想的都可以。下週就開始執行，並記下每項練習帶來的改變與益處。

第六章

學習渡邊直美的自信

批判之聲減弱，
你的自我觀感轉好，
療癒的成效開始浮現。

許多人都把外表當做尋求外界肯定與接納的工具。社會風氣使然，我們習慣放大檢視身上的缺點，並竭盡所能地想讓外表臻於完美。在外界鼓勵下，我們企圖把每道縫隙都填滿，讓每條紋路都消失。但是，各位真的相信這樣就能找到自我價值嗎？我們全然接受外貌協會的價值觀，認定那就是唯一的美感，盲目地想達到那個標準。

過去我對自己身材標準太嚴苛，所以過得很痛苦，現在我已找到平衡。我在療癒之旅中瞭解到，要想培養對自己的同理與關懷，就必須接受並喜歡自己身體的每一個部位。從前我節食、自虐，如懲罰般逼迫自己運動，因為我對自己的外表就是不滿意，怎麼看都不順眼。

無論你是因外貌身材而自我憎恨或自我貶抑，都可以改善這種心態。有朝一日，你一定能放下對完美的執念，如實瞭解自己的身體與長相，與自己成為真正的朋友。往後看見鏡中那個人時，會覺得舒坦又自在。

如實接受自己，放下自我憎恨

在批判之聲的作弄下，你會以負面眼光看待自己的身體，還會不斷折磨自己。我從事助人工作這麼多年，無數的當事人都跟我說，他們對自己的身材與長相極度不滿。他們痛苦不堪，還訴諸惡性的飲食規定和運動模式，藉以提升自我觀感。

但各位都知道，這樣的行為一點用處也沒有。乍看之下，你找到了生活方向、獲得慰藉，但動機是源於自我憎恨與負面思考，所以你會用輕蔑的口吻和自己對話，並以厭惡的態度看待自己的身體。

有位名叫荷普的舞者便落入了這種模式，所以前來找我諮商，我們談了好幾個月。在批判之聲的指使下，她安排了極為嚴苛的運動和飲食計劃。療程開始時，她營養不良，還有許多運動傷害。荷普相信，她必須嚴格控制飲食，才能維持「尚可」的體態。她也深信，唯有不分日夜地練習，才能成為優秀的舞者。最後她弄傷身體，差點斷送舞蹈生涯。我們一起努力，才終於破解她的惡性生活模式。她重新學會與食物、運動和睦相處。從這個例子中，我們可以清楚看到，批判之聲會叫你把不合理的要求都當作磨練。

管束、憎恨並懲罰身體，怎麼可能會快樂呢？如果你始終不能「接受自己」，那請捫心自問，與身體交戰的這些年，你有得到什麼成果嗎？我敢肯定，答案一定是「沒有」，不然你怎麼會仍舊深陷在這場戰爭之中，繼續批評自己的身體呢？諷刺的是，不管你怎麼嫌棄，身體還是努力不懈地正常運作，發揮保護功能，讓你安全無虞。

接受當下的狀態，是克服負面身體意象的第一步。透過自我療癒的練習，我們才能學著尊重身體，並依循直覺，以食物、運動、休養和關懷來照料它。因此，對自己許下承諾，讓自己活得盡興，並培養自我覺察的能力，治癒從前的創傷。此外，還要建立充實、深厚的人際關係，這樣你就能接納自己了。

無法全然接納自己，身心就很難復原。想想，身體不是裝飾品，而是要一輩子負責承載著你的靈魂。有了這樣的體悟後，你應該會開始接受自己的外貌。

但許多人會擔心，接受自己後，就會走向自我放棄。但這真的是多慮了，只是嚴苛的批判之聲又在製造不健康的念頭，使你誤以為自我接納後就會變胖、變醜、沒人愛。事實上，身心都充分獲得愛與滋養，才會自然展現出吸引力。

身體承載了你的生命故事

對許多人來說，卡關的一大障礙在於，以為學習愛自己前，必須先改變身材，但首要步驟其實是接受自己。所謂的自我接納，就是擁抱當下的你，愛你此時此刻的模樣，而不是以為再減五公斤就太完美了。

你也無須對身上的每一個細節都滿意至極，重要的是要培養「我現在就已經夠好」的心態。我和多數人一樣，對身上的某幾個地方比較有自信，但絕對不會為了任何部位責怪自己，也不會因為有妊娠紋和橘皮組織而自認不如人。批判之聲現形時，我會提醒自己，身上那些痕跡是生命的洗禮，都是人生故事的風景。

身上的傷是人生歷練的印記，不該成為被批評、奚落的目標。舉例來說，我膝蓋上那道凹凸不平的傷痕，像是徽章一樣，紀念我小時候摔下腳踏車；肚子上那條平滑的線，則會讓我想起剖腹生下女兒的過程，那是我生命中最美好的一天。看法會決定一切，改變觀點，思考身體所承載的故事，就能開始接納自我。

不過，受過創傷的人之所以會討厭自己的身體，是因為他們打從內心就自我憎惡，只是不自知而已。創傷很難理解、消化，而負面的情緒會積累在心中，最後變質成對大腿、腹部或手臂等身體部位的不滿。許多人都跟我保證，只要能改變外貌，自我感覺會提升許多。不過，深入瞭解對方的經歷及多年來的自我觀感後，我都會發現，他們的自我憎惡不是源自對身體的看法，而是起因於早年創傷。

我年輕時不斷控制飲食，努力維持身材，但沒想到，無論體重計上的數字有多漂亮，我卻還是覺得自己缺乏吸引力、不如他人。那種感覺很不公平，就好像終點線一直在變。我花了很長的時間才瞭解到，外在的肯定不能帶來內心的安穩，必須打從心底感到平靜才行。

一如我先前所述，接受自己當下的模樣，是培養正面身體意象的第一步。不過我也必須說明，治療關鍵創傷非常重要。對自己的內在有自信，對外貌才會有信心。人的吸引力是取決於活力與個性，而不是外表。各位應該都遇過，有些朋友外在光鮮亮麗，但相處久了其實很無聊。說到底，你越喜歡自己，越感謝和尊重自己的身體，生命能量就會提升、人格會更加鮮明。

若有些人心裡還有些懷疑。那我換個說法：你花了這麼多年的時間，企圖要改變及控制身體的模樣，藉以提升自我觀感，但說真的，努力了這麼久，最後成果如何呢？可想而知，那些自虐的方法沒有用，不如把力氣用在療癒內心深處的創傷。你會驚喜地發現，身體意象開始朝正向轉變。

避免製造負面的身體意象

對身體抱持負面觀感，久而久之，就會以為自己真的就是那麼糟。各位有發現嗎？我們每天對自己的看法會不時改變，換言之，身體意象有很大一部分取決於心情的好壞，以及內心深處的正向態度。

負面的身體意象之所以會出現，是因為批判之聲在作祟。復原之旅進行到現在，我們都已經瞭解，應該要先著眼於改掉那些負面的習慣和想法，以免助長批判之聲，接著再培養增進自我關懷的正向行為。

不時量體重、捏自己的肉、一天到晚在社群網站上瀏覽那些「完美身材」的照片，都是觸發因子，會增強批判之聲的砲火，使你的自尊與自我接受度嚴重遭受打擊。

請別著急，這些習慣不可能一次全部改掉，但只要一天天地不斷努力，一定能重建你與身體的正向對話。

提供幾點祕訣，希望能幫助各位瞭解哪有些行為會觸發負面感受，並加以避免。

- **遠離可怕的體重計：**對體重錙銖必較，就會戕害自己的身心。除非是基於醫療因素需要不時追蹤，否則我強烈建議改掉這個習慣。一開始你會很焦慮，但我保證，只要能依循直覺性飲食法，並給予身體愛和關懷，那麼它自然會進入平靜而穩定的狀態，你也不必再時時監控體重。

• **翻轉負面的自我對話**：寫下你對身體各部位的感謝，不要再對鏡中的自己吹毛求疵；也別再挑剔外貌的缺點，或不斷用自拍來顧影自憐。謝謝雙耳讓你聽到美妙的音樂，感激雙眼讓你博覽群書。總之，從最基本的開始寫起，然後循序漸進，逐漸培養出驚人的正能量！

• **留心社群媒體**：網路上充斥著網美的照片，都在間接宣揚主流的審美觀，令人難以抗拒。社群媒體有其優點，但也會造成危害，必須找出明智的使用方法。某些網路名人會提倡嚴苛的生活型態或習慣，譬如過度養生、瘦身或運動，去追蹤那些內容，會戕害自己的身心。但也有一些明智的網友會挑戰社會加諸於女性外貌的主流價值觀，他們的發文具有啟發性，也比較激勵人心。

• **觀察負面心態的傳染力**：既然下定決心要翻轉人生，那就要改變平時來往的對象和談話的內容。有些人老是在說自己哪裡不好，或淨聊些負面的事，相處起來會很消耗精力，自己也會感染負面思維。別擔心，你不必跟那些消極的親友斷絕往來，但必須針對談話主題設下界線，以免觸發負面情緒。

請慢慢來，不要對自己太過催逼。建立新的思考模式需要時間，自我觀感的改變過程是緩慢的，我相信各位一定做得到。接納自己的一切，包括那些「不完美」的特徵。

有助於接納自己的每日自我肯定

我應該得到愛與尊敬。
我接受現在身體的樣貌。
我的身體應該得到滋養。
我原諒自己。
我用食物來滋養身體與靈魂。
我是因為喜歡，所以才運動。
身體承載我的靈魂，我會悉心照料。

正常的飲食被當作暴飲暴食

在現今的社會，依循直覺性飲食法，不受制於罪惡感或羞恥感，是非常難得的事。媒體老是在散播有害的資訊，只強調單一的審美文化，於是我們對自己外貌的標準就變得很嚴苛。

基本需求和欲望本該滿足，但許多人卻對此感到羞愧，覺得自己怎麼那麼貪吃、那麼放縱。在這樣的風氣下，「正常」的飲食習慣反倒被當作是暴飲暴食，許多人因此吃得很不健康。媒體老是刊出過瘦的女性照片，電影裡也很少有女性進食的畫面。這些內容看似無害，實際上卻會限縮閱聽大眾的價值觀，也令自己深信旁人會以這樣的審美觀來加以評判。他們自認看待食物的心態很健康，但其實一點也不自然。

放下對特定飲食法的執著

聽從身體的提示，相信它會在正確的時刻發出訊號，告知它所需要的養分。此外，所有的飲食規則，包括節食、刻意挑食以及所謂的「健康」飲食法也都必須捨棄。這麼做的原理在於，身體在什麼時候，以及需要哪些食物，只有它最清楚。

剛起步時，各位會發現自己與食物很難達成協調。長期被批判之聲所控制，突然要開始聽從身體的提示，其實並不容易、也會使人感到恐懼。因此，練習直覺式飲食要循序漸進。

對於長期飲食失調的人而言，會更難察覺身體的提示，得花上一點時間，身體才能再次規律地傳遞出飽與餓的訊號。唯有多多觀察、判斷這些訊號的重要性，才能在療癒之路上有所收穫。

在練習直覺性飲食的過程中，務必當心批判之聲作祟。你逐漸捨棄給你安全感的限制性思維，但那股聲音會伺機而動，試圖操控你的想法。每當你想滿足身體的欲望與需求時，它都會挑戰你的決定。各位請做好準備，準備迎戰各種質疑，譬如「你真的非吃這塊蛋糕不可嗎」、「多學學模特兒的飲食習慣」、「吃完了一定要去運動才不會有罪惡感」等。

這項練習的關鍵在於調整步伐，不疾不徐地把每天過好。試著與食物及身體和好，讓焦慮與恐懼放慢腳步。食物的存在是為了帶給你能量與好心情，絕不是為了和你作對！

重新定義情緒性飲食

許多人都把「情緒性飲食」與「暴飲暴食」聯想在一起，這真是大大的誤解。食物有許多功能，除了提供營養、維持理想的身體狀態，還能用來調整情緒。與食物建立良性的關係，不再用它來懲罰自己，就能建立正面的飲食心態。許多人不敢享受食物帶來的快樂，深怕會養成不健康的習慣，變得放縱又墮落。在身心靈各層面，都應該與食物建立互敬互重的關係。擁抱伴隨飲食而來的愉悅感受。情緒性飲食有好有壞，兩者的差別如下。

負面的情緒性飲食：

「我好寂寞，也有點難過，為了麻痺自己，我要喝一堆啤酒。反正喝飽了就想睡，只要腦袋空空，就不會有煩惱了。」

「工作的壓力好大，要背負的責任好重。這麼多事快把我淹沒了。中午休息時，我買了好大一支冰淇淋，吃完後覺得好有罪惡感。但反正人生都這麼失敗了，不如再買一支來吃。吃完後，我覺得自己一點意志力也沒有。於是心情跌落谷底，無法回辦公室去工作，也無顏面對任何人。」

「流感令人很不舒服，我實在是受夠了。小時候如果生病，只要喝到媽煮的雞湯，就會覺得好溫暖。我現在也很想喝，但我一事無成，覺得自己沒資格好好吃一餐，所以刻意壓抑那股欲望。」

正面的情緒性飲食：

「我好寂寞，也有點難過，所以想吃一些能帶來溫暖與慰藉的食物。我想好好安慰自己的身心靈。吃完後，我一定會感到十分快樂、滿足。」

「工作的壓力好大，要背負的責任好重。真希望現在也能像小時候那樣無憂無慮。中午休息時，我買了好大一支冰淇淋，走到公園散步。雖然我一點都不餓，但吃甜食能讓我感到快樂，重溫童年的時光。吃完之後，我覺得很舒坦，內心得到了撫慰。」

「流感讓我很不舒服，我實在是受夠了。我好想喝媽媽煮的雞湯，因為光是湯的香味就讓我覺得很溫暖、幸福感十足。」

學習正念、活在當下

各位是否有過這種經驗：在跟他人對話時突然清醒過來，卻完全不記得剛才在聊什麼（有一種「突然驚醒」的感覺）？這是因為你根本沒有在聽，而是全然沉浸於自己的思緒中，不斷回想過去的事或思考未來。每個人偶爾都會有這種狀況，但如果發生頻率太高，我們就難以與他人建立連結，且無法感知外在的世界，甚至會忘記活在這世上的意義。畢竟，唯有全神貫注於當下正在做的事，才能感覺到快樂。

簡單來說，「正念」就是完全沉浸在當下，是一種生活方式，也是對生命的一種態度。你在任何時刻，就能即刻自我覺察，瞭解自身的思緒與感受。培養出這樣的覺察力後，你才能主導生活，以應對人生各種處境。要想活出更有質感的人生，就必須學習以健康的新策略來回應內心的思緒和感受，所以我總會請當事人練習並培養正念。

常見的迷思

許多人以為正念就是控制思緒，但這是錯誤的迷思。所謂正念，是察覺自己在想些什麼。一旦瞭解到，心中的念頭都只是某些想法，你會很自然地將心緒帶回當下。專注於眼前發生的事，然後再決定要不要回應。

舉例而言，我剛開始進行自我療癒時，只要發現腦海中有不健康的念頭，就會在心裡默默「拉警報」，再告訴自己：「這是不健康的想法，我可以忽略不管。」起初我必須刻意地自我對話，但持之以恆地多加練習後，就覺得越來越輕鬆了。

與雜亂的念頭保持距離

許多人展開自我療癒後，便開始學習辨識批判之聲。他們都會發現，原來心中老是充滿自我批判的念頭。從前，你感覺到這些有毒的想法與情緒時，只會全盤接受，但如此一來，你對待自己與人生的方式也會很負面。

剛開始療傷時，必須先建構正向的內在對話，才能減弱批判之聲的音量。我先前說過，刻意忽略或轉移注意力，都會使那股聲音越來越強烈。最後，你終究會為了求個清靜而屈服，所以我向各位保證，這兩種處理方式都沒有效。即使你改掉了惡性的失調行為，批判之聲還是會繼續對你發動攻擊。

但這個問題並非無解，只要多加練習正念，就能減弱批判之聲的音量。接著你就能體認到，那些自我批評的話都只是不健康的念頭。這份領悟非常重要，所以我再強調一次「那些都只是不健康的念頭」，絕對不要被它們唬了。

各位現在可能還是心存懷疑，但不妨姑且一試：多多練習正念，全力感受生活，讓每一天、每個小時都發揮最大價值。當然，身陷困境時，勢必很難客觀去探索造成痛苦的想法或感受，也無法與之共處。雖然逃避問題比較輕鬆，但請相信我，經由長期且規律的正念練習，就能與負面的念頭和平共存，並以自我同理的角度去觀察它們，最後那些念頭自然會消失。

練習正念和從事其他活動一樣，一開始先培養對自己的好奇心，多多關心自己的情緒起伏。在走路時保持知覺，無論到哪裡都把注意力放在周遭的環境。留意思緒的走向，帶著好奇心去觀察自己是如何回應腦海中不斷湧現的念頭。有沒有哪個想法導致練習中斷？你是否陷入紊亂且毫無止盡的自我對話（是否喋喋不休，就像猴子一樣不停地跳動）？多加認識自我，給自己機會去覺察內心的思緒。這樣一來，在每個念頭浮現時，就能稍微保持距離，不用馬上回應。

批判之聲是豬隊友

我先前已經解釋過，對於批判之聲，千萬不可置之不理，但也不用聽命行事。相反地，應該要抱持同理、關懷的態度自我肯定，合理地回應它的批評。當你想著「我不夠好」時，不妨對自己說「我已經很棒了」或「我做得到」。要是批判之聲說：「你不受歡迎，就不要白費力氣去參加派對了。」你則可以回答：「我有自己的優點。今天我想去見久違的朋友。」

批判之聲最討厭的地方在於它會製造問題，同時又提供解決方法，譬如它會先說：「你不能跟朋友去吃晚餐。你一去就會大吃大喝。」接著又給你建議：「好啦，去狂吃一頓也可以，但下週每天都要吃沙拉才行。」

這些建議都很病態，但我們習慣不予以質疑，還以為批判之聲是在幫助自己度過艱困的處境，所以對它們言聽計從。事實上，問題一開始會出現，就是因為那股聲音在作祟。要到不熟悉的環境參加社交活動，每個人都會焦慮、緊張。但如果不設法突破這道難關，就會依賴批判之聲的建議，繼續困在這痛苦的惡性循環當中。所以，請多練習仁慈、同理的自我對話，給予自己安慰與肯定。

有些人會認為，這些建議太複雜了。因為想挑戰批判之聲與有毒思維，就要不斷進行內在的自我對話，就像在腦海中打仗一樣。當然，大家一開始勢必會覺得陌生，但我向各位保證，只要持之以恆，那股不健康的聲音一定會逐漸減弱，而你對自我的觀感也會更加完整。

從今天開始接納自己

決定權在你手上：你可以選擇這輩子都與外貌為敵，讓自己挨餓、受罰並感到羞恥。或者，你可以從今天開始就接受自己。感謝身體賦予你的禮物，善用它們來體驗生而為人的一切。

接受自己當下的模樣，才能開始自我同理、關懷，也才能真正地復原。

療癒小撇步

這年頭很流行「排毒淸體」，但在我看來，淸理一下社群媒體頁面比較實在。

各位不妨打開動態，看看有哪些帳號會使你無法全然接納自己，然後取消追蹤。這麼做絕對會讓你心情舒坦！

復原妙方：身體意象冥想法

一直以來，你都與負面的身體意象共存，長期都在對抗腦海中那股聲音。它不斷發動攻擊，令你藐視自己，最後你精疲力竭、元氣大傷。

這項冥想的目的在於讓你學著支持自己，以便療癒受損的身體意象。進行的方式很隨性，你也不一定要精確地回顧過往的經驗。各位不妨唸出冥想內容並錄製下來，做為練習時的指引，或是從https://emmybrunner.com/body-image-healing-meditation下載。

如果你感到驚慌失措、很想停下來，隨時都可以中斷練習，等到覺得自己夠堅強後再繼續。療傷方式要溫和，且以同理心為基礎，所以請別給自己太大的壓力。

每次冥想後，內心會特別脆弱、需要慰藉，先想好一些自我關懷的活動或方法，練習結束後就能派上用場。

現在，以舒服的姿勢坐在地上，花幾分鐘的時間，想想身體替你做了些什麼，有什麼值得你感激之處。

方法很簡單。請試著聚焦於身體的功能，而非形貌。問問自己，身體有哪些地方值得你感激？帶你走路的雙腿、維持脈搏跳動的心臟，以及讓你能享受美好氣味與春日鳥鳴的嗅覺和聽覺。但凡能使你感到幸福、滿足的，都是最完美的部位。

輕輕閉上雙眼，也可以看著地板。將注意力集中於呼吸、胸口輕微的起伏，以及吸入、吐出的空氣。請不要強加控制，只要放輕鬆並觀察當下的狀況就好。感覺腳下的地面，以及靜坐時身體所給予的支撐。然後，請審視你內在所浮現的感受或知覺，並覺察你所聞到的氣味與聽見的聲音，以及周遭空氣的溫度。

安坐於每個當下，沉浸在這些感覺之中。再次專注於呼吸，以及空氣進入及離開你身體時的溫度。吸氣、吐氣、吸氣、吐氣。在這個片刻，請想像呼吸具有療癒的力量，想像你吸入的是淨化、重生的氣息，吐出的則是壓力、毒素與負面情緒，想像一股熱流從腳趾湧出，並從中尋找撫慰與平靜，然後讓那溫暖放鬆的感受向上擴散至腳掌、腳踝與小腿，再慢慢地流到其他身體部位，使你越來越放鬆。

接下來，想像身體內外在的傷口都已復原，並感謝你有能力關懷、照顧自己。專注於體內的緊張之處，包括不易察覺的輕微壓力，或是長期累積的緊繃感。總之，聚焦於你想療癒的地方，並把這份思緒放在心裡。

現在，把注意力轉移到問題所在的身體部位，假想這個部位被陰影籠罩，而流至你身體各處的那股暖意，就是療癒之光。想像那道光芒移動到陰暗處上方照亮一切，它能強化免疫系統，並消除疼痛、毒素和所有不適，幫助身體復原。接著，將注意力拉回到呼吸所帶來的療癒感，並在吐氣時排出體內的陰影。再次表達你對身體的強烈感激，並把愛與關懷都視為禮物。用吸入的氣息療傷，然後把緊繃與壓力都吐出身體。讓體內的光繼續消除黑暗，看著陰影越縮越小……

覺察體內是否浮現出平靜與自信的感受，讓你能坦然而有信心地愛自己、關照自己。

吸氣、吐氣，把注意力移回你所處的空間，準備好之後，再慢慢地打開雙眼。

你做得很好。接下來，就可以照常繼續今天的行程了。當然，只要你願意，隨時都可以利用這項冥想練習來放鬆心情。

第七章

復原的第一步，
就是相信自己會好起來

相信自己有自信、有活力、
充滿創意與成功的潛力，
這些特質就會成為現實。

只要相信夢想有可能實現，轉變就會開始。

批判之聲對我窮追猛打了好幾年。起初，我根本不敢想像生活會有所改觀，後來我讀到許多相關資料，才瞭解到自我觀感會決定人的實際樣貌，於是我開始自問：那這個道理，想必也適用於心理健康與復原吧？如果我決定相信我能夠復原，是不是就能成為理想中的那個自己呢？

於是我放手一搏，我相信自己，也的確達成了目標。你或許也想扭轉人生、創造夢想中的生活，但你對自己有多少信任與信念？改變無須等待，把握這個大好時機，現在就挖掘出你最大的潛能，為自己注入動力吧！

不妨嘗試其他的方法

許多人對心理疾病都有個很大的迷思，以為人不可能完全復原，只能練習把症狀控制得比較穩定。

許多人來到我的診所時，都會很詳盡地說明他們的感受，包括失去信念、毫無希望等。他們很害怕自己必須永遠與羞恥感共存，靈魂被那種痛苦不斷折磨。

雖然這樣的擔心是多餘的，但對當事人而言，最困難的第一步，就是相信自己能夠恢復健康。有些人並未陷入危機，也沒被診斷出特定的心理疾病，卻還是自認一輩子都必須與批判之聲共存，不相信情況會改觀。

對於有這種感覺的人，我都是這樣回應：「你怎麼知道？誰說人生不可能改變？誰說你不可能復原？」

我曾親身經歷，所以知道復原絕非不可能，但要想成功，必須先相信自己一定能辦到。換句話說，自我懷疑就是最大的阻力，妨礙你完整療癒那些傷口。當時我發現自己原本的應對策略於事無補，所以決定不再執著，反正試試別的方法也沒什麼損失。就這樣，我開始培養信念，即使多少還有些懷疑，也不會放棄。

本書提供的療癒方法會幫助你改變心態，讓你開始相信自己能做到。這就是我設計這些方法的初衷。

你一定可以的。如果有意願想改變人生，目標必定會實現。

翻轉內心思維，改變外在世界

我和許多人一樣，因為教養方式使然，所以從小到大都習慣讓恐懼、責任感與自我懷疑操縱我的決定。我不認為真會有什麼好事發生在我身上，也不敢放手嘗試，所以對人生始終沒有太大的期待與抱負。

在二十歲前後那幾年，我許多決定都是出於恐懼，也因此付出許多代價。我什麼都怕，不相信任何人，也不知道該如何建立信任關係。我在職場上甘願做些不重要的工作，也在數段關係中受虐，更不願與任何人親近。後來我開始接觸許多不同的靈性課程，才瞭解到，想法與信念會決定我的現實，如果想要改變境遇，就必須先扭轉我對生命的觀點。

學習正面思考，是我這輩子給自己最大的禮物。一天之初的心情會影響一整天的走向：抱持正向心態，對即將出現的大小事充滿期待，當天就會過得比較愉快。相反地，一味地擔憂、焦慮、左思右想，眼前的困難就會越來越多。

這兩條路任你選擇，請務必記得，主控權在你自己手上，你可以決定今天要怎麼過。你應有足夠的勇氣，在對現況不滿時勇於改變。捨棄原本的生活型態，這多少會令人擔憂，但只要付諸實行、多多瞭解自己的困境，勢必能從中獲得啟發，開始以自我關懷做為決策時的準則。

要想實現這樣的改變，重點在於「覺醒」。人生中有百分之九十五的時間，我們都處於「自動駕駛」的狀態，雖然心不在焉，卻仍然可以正常行動、給予回應。許多人不必刻意動腦，也能上班工作、完成例行事項，還會在心裡想著毫不相干的事，譬如跟伴侶吵架、晚餐要煮什麼、昨晚看的電視節目等。潛意識無論何時都在運作，所以在療癒之路上，我們必須多多練習，看自己是否處於分心的狀態。

行動與思維會決定生命的走向。若無法用心體會每個當下，就會陷入被動的狀態，明明是自己的人生，卻活得像旁觀者。反之，如果能培養覺察力，就有動力、有目標去掌控自己的人生，以實現自己的夢想。

要想翻轉現況，就必須察覺潛意識所觸發的行為。觀察自己的行為模式與特徵後，才有機會改變並做出不同的決定。反之，要是心不在焉、無法與自我連結的話，就不可能有進展。

有事讓我感到不滿時，我總會提醒自己，如果希望情況改善，那必須先改變自己看事情的角度。

我生完第一胎後手忙腳亂，一方面要維繫事業，一方面又得照顧女兒，再加上是單親，幾乎沒人幫忙，所以每天都被大小事淹沒，徹底累垮。因此有一天我決定坐下來問問自己，這樣的生活真的可以繼續下去嗎？答案當然是「不行」，但我也發現，我對自身情緒的掌控力，其實遠遠超乎我的想像。我知道自己必須把工作和帶小孩的時間明確地劃分開來，並請他人提供我需要的協助。事實上，我減少工作量後，效率反而提高，和女兒在一起時，也比較能專心和她相處，生活因而產生了莫大的轉變。

在那之後，我持續朝這個方向努力，對於現在的我而言，沒有什麼比自我關懷更重要。因為我發現，無論想做好什麼事，都必須先照顧好自己，並盡可能地對自己寬容體貼。愛自己的例行事項已成為我日常生活的重要活動。我會冥想、寫日記，也會留時間給自己。我很清楚地發現到，重視自己的健康與快樂，在職涯上會更有成就，也得以找出更多時間來陪伴孩子。

擁抱正向觀點，我的世界才徹底翻轉過來。所以我總會鼓勵當事人採取同樣的做法。想要人生中有更多的愛與喜悅，就必須從最重要的關係著手——也就是你和自己的關係。你要和自己成為最好的朋友，永遠當自己的支柱。

你可以從心所欲，不再踐踏自己的夢想，但重點在於必須先相信自己。每個人的生命都是其內在信念的呈現，你在真實世界中的模樣取決於你對自己的看法。帶著自信、活力與創意，並認定自己能成功，自我觀感便會提升，現實生活就會比較順利。同理，如果欠缺信心、自尊低落且自我憎恨，則生活各方面就會受阻。

以下列舉一些例子來說明，人對自己的核心觀點，會在不知不覺中因自身行為而進一步強化：

想法：我沒有吸引力。
行為：我以自己的外貌為恥，所以避免出現在社交場合。
結果一：我沒自信、也沒有機會認識新朋友，所以比較難找到對象。
結果二：自我孤立、與社會脫節，自我價值也更低落。
核心觀點得證：我果然沒有吸引力。

想法：我很笨。
行為：我覺得自己能力不夠，所以工作上不會力求表現，也不會尋求新的機會。
結果一：我屈居不重要的職位，無法從中得到成就感。
結果二：我對自己的能力沒信心，面臨新的挑戰時總會放棄。
核心觀點得證：我很笨。

想法：我老是生病。

行為：我總是掛念著身上大大小小的毛病。

結果一：我非常焦慮，怕會生病。

結果二：我吃不下也睡不著，身體狀況也變差。

核心觀點得證：我老是生病。

想法：沒人喜歡我。

行為：我覺得自己不配得到愛，所以總會選擇與惡質的對象交往。

結果一：我一再受虐，遭到忽略、傷害。

結果二：這些對象都拋棄我，沒有人要我。

核心觀點得證：沒人喜歡我。

我和許多當事人討論過吸引力法則，也解釋過，為什麼在復原之路上應該聚焦於想達成的目標，而不是想擺脫的缺點。批判之聲常在作祟，就像背景音效一樣，總會不斷批評你，指出你身上的每一個缺點，無論你做什麼都會被嫌棄。因此，你一直想著自己哪裡不好，內心感到淒涼又抑鬱寡歡。相反地，如果能專注於自己的理想，心情會舒暢許多。

許多人會說，他們是出於理想，才會一直去追求完美的身材、人生或職涯，但這仍舊是肇因於負面思考；他們始終認為自己不夠好。想翻轉思維，不妨這麼告訴自己：「對當下的現況，我很感激。接下來我會繼續努力，進一步朝更理想的方向發展。」

譬如我就很努力地拓展診所的規模，並致力提升服務品質，這不是為了追求完美，而是想要成長、進步，並獲得截然不同的能量。

要改變想法並不容易，有時候，你會覺得好像在泥濘中跋涉似的，但請務必記得，從前的你也會喜歡自己。有機會的話，可以觀察一下嬰兒照鏡子時的模樣。你會發現，他們看見鏡中的自己時，是充滿著好奇心與喜悅，彷彿陶醉於自己的模樣。

我們都曾和嬰兒一樣，只是在成長過程中，自我評價被各種外在因素貶低了。

我的案主瑪莉忘了該怎麼愛自己，所以老是汲汲營營地追求旁人為她設定的目標。她以為自己過得很快樂，但卻總是覺得哪裡不對勁：

我其實是在無意間踏上療癒之路，但卻得到許多驚喜。我向來很不屑諮商這玩意兒，還覺得做冥想的人都是有病的嬉皮。只要有人去參加靜修之旅或成長課程，都一定會被我批評一番。

除此之外，我自尊心強到不行。我自認在人生各個領域都無往不利：工作令人稱羨、房子華麗、朋友多、男友又超帥。但訂婚之後，我打造的完美表象卻開始崩塌，我無法再忽視內在真正的自己與夢想。最後，我實在無法逼自己踏入人生的下個階段，所以沒嫁給他。

後來我很不情願地和朋友一起去聽一個「有病的嬉皮」演講，主題是該如何培養健康的心理狀態，藉以發揮創造力，為自己帶來正面效益。令我驚訝的是，她既聰明又有成就，把人生打理得很不錯，並不是什麼有病的嬉皮。她強調，如果童年創傷沒撫平，就會影響長大成人後所做的決定。這話聽起來簡單，卻對我造成很大的衝擊。我在頓悟的當下，整個人動彈不得。

突然之間，我生命中的一切都說得通了。那時我才發現，自己內心深處藏著空虛不已的寂寞，也瞭解到自己一直是為他人而活。我做決定時，都是依據家人和社會所認可的選項。我把人生活成一張待辦清單，急著完成每個任務，卻從未停下來問問自己：我是誰？我想要什麼？那場講座結束後，我下定決心要改變人生。

接下來的那半年內，我看了許多書，也聽了許多演講和經驗分享，為的就是能真正瞭解自己。那段日子可說是我這輩子最大的考驗，但也為我帶來無可比擬的啟發。我終於瞭解到，如果不跟自己和好，也就無法對任何人好。

我得到的啟發遠超乎我的想像，至今我仍無法用言語來確切形容。我的腦袋像被重灌程式一樣，充滿了許多正向的信念。它們無關乎宗教、鬼神或迷信，也不是什麼若有似無的感受……反而像是堅定、穩固的堡壘一樣；我這輩子第一次覺得有所依靠。

所以，請帶著好奇心去探尋自我，最後的發現也許會出乎你的意料之外。

每個人都曾不顧內心的反對聲音，一意孤行地追求某個目標。回首往事時，我們才有後見之明，知道做錯了哪些選擇。譬如，當初明明直覺性地認為某個對象有問題，但還是跟對方交往。或是聽見心裡的聲音大喊：「放手去做！」卻仍自認能力不足，沒去應徵想要的工作。這些領悟都是療傷之旅的一部分。人當然都會犯錯，但從錯誤中學習，才不會到晚年仍繼續忽略心中的鼓勵之聲。它一直都在，也始終很努力地想帶你走入光明之地。

拿出勇氣，把能量用於愛和感激

宇宙間充滿了驚奇與美妙的事物。只要努力創造人生，就能為自己帶來許多悸動與啟發。生命中任何目標都有實現的可能。所以，你一定能培養出對自己的同理與關懷。

有些人因為負面思考或缺乏信念而陷入困境，那麼不妨拿出夢想板，寫下對自己的肯定，或是傳訊息給能激勵你的朋友，以你最愛的妙方來改變心情。不管用何種方式，重點都在於，要讓自己再次感到愛與富足。

從旁觀察自己的思路，就會發現情緒一整天都在變化。強化自我覺察的能力，就不必再當情緒的奴隸，被它們牽著鼻子走。擁有情緒的主導權，妥善調動你的心神與專注力，就能成為自己生命的主人。

如果你現在覺得人生被憂鬱和焦慮綁架，那我想對你說：「這感覺我都懂，那種痛苦我也經歷過。」但這都是過程，只要先踏出第一步，不必今天就抵達終點。但一定要懷抱決心，投入時間與耐心，並深信情況總有一天會改變。

就算害怕也沒關係

有時候，恐懼會使人束手無策。我們會反覆琢磨它的來源，把害怕的事想得越來越嚴重，最後完全不知所措。但聚焦於正向思考，就能善用自身能量，活化心中那個想要得到希望與啟發的自己。

舉例來說，有些人會常想：「我好怕會孤老終身。我又醜又無聊，所以才孤單一人。我年紀越來越大，又沒人要我，這輩子是不可能有小孩了。這一切壓得我喘不過氣，我再也撐不下去了。」

但你可以轉念這樣想：「我好怕會孤老終身，但這是因恐懼而起的念頭。今天的我有點脆弱，必須好好善待自己。」

療癒傷口，強化自我價值，人生才更容易往正向的角度改變。

生活充滿危機，但不要讓恐懼占據內心。雖然你已習慣現在的生活方式，但現況還是有改變的機會。掃除自我侷限的念頭，清理在成長過程中內化的負面訊息，翻轉對人生的既定想法，就能勇敢地重寫人生腳本，肯定自己的生命。「我很勇敢」是我最喜歡的冥想口訣，每天起床後對自己說這句話，可以改變一整天的心情。

生活總有不太順遂的時候，許多事也沒能按照預期發展。這些挫折不代表你走了錯誤的路。有挑戰，才有自我反思與成長的機會；而最艱難的困境，也經常是學習的大好良機。試著不再以外在經驗定義自我價值，就能踏實地活在當下，也不要再因旁人的眼光而陷入混亂與不安定的漩渦之中。

我經營自己的事業已經十五年了，過程中有許多挑戰，也帶來莫大的成就感。我沒受過任何商管訓練，因此犯了很多錯，但情況不順利時，我都願意相信那是上天的安排。而那些失敗的經驗，也都有助於我學習與成長。遇到困難，不代表問題出在我身上，而且我擁有堅強的適應力，能在變動的環境中找到啟發。我之所以有這樣的轉變，是因為我有按照本書所呈現的思考方式，重塑了自己的心態。

要跟從鼓勵之聲的引導，不免令人不安，畢竟我們都習慣讓恐懼主導自己的決定。但一定要提醒自己，勇敢踏出第一步，相信自己和內在之聲的引領，就會得到越多力量。相信那股無形而未知之音，的確會讓人害怕。但唯有勇於冒險、揮別恐懼，才能放手擁抱愛。愛是看不到、摸不著的，但我們都仍相信它。愛沒有形體，也無法用肉眼看見，但心還是能感受得到。因此，保持信念，用心經營親密關係，面對自己的恐懼與不安，不要再浪費寶貴的力氣去反抗它們。相信自己、追尋心的方向、聽從內在的指引，就能找到人生的答案。

許多當事人都表示，要「信任」自己非常難。回首過往，他們發現人生充滿令人懊悔的錯誤決定，所以對自己一點信心也沒有。事實上，我們會判斷失誤，就是因為沒能將自我需求擺在第一順位，也沒有培養好的心靈傳聲筒，以明確傳達這些需求。日積月累下來，就無法跟從鼓勵之聲的指引。

多多省視內心，強化鼓勵之聲，藉此培養出對自己的信任感。保持信念，把注意力放在自己身上，多從事內在對話的練習，就會開始對自己的各種決定產生信心，並敢於冒險。你的自我觀感不再取決於職位或人際關係等外在因素，所以將不再害怕失敗、犯錯。就算遇到不順利的事情，也不會覺得問題是出在自己身上。

在負面想法以及不良習慣的夾擊下，凡事就很難取得理想的結果。但我們都會感到一籌莫展，不知道原因在哪。因此，現在就將情感與思緒投注於正向的事物，創造愉快的感覺，並挖掘自己不凡的那一面。雖然你會害怕、畏懼，但請給自己一個機會。就像剛開始學游泳時，我總會跟自己說：「別怕下水，等等就能享受舒展的感覺了。」

學會放手

過去我遭逢傷痛時，常有人建議我要「學會放手」，但當時我不知道這是多麼重要的功課，又能帶來多大的轉變。多年來，我都活在幻覺之中，以為自己能控制生命中的一切。我總是不屈不撓地想逼自己前進，按照預定的時程完成各個人生目標。

在我父母的傳統教養下，我相信，想成功就得用盡一切努力，我也身體力行。當初我在擴展診所規模時，身邊沒什麼人支持，偏偏我又無法相信內心的直覺，所以在人際關係或工作方面的諸多決定，都會想尋求親友的認可，證明自己沒有做錯。

因此，我的壓力大到破表，常感到挫折、困惑又疲憊。

後來我才知道，所謂的「放手」就是改變想法，去相信神祕宇宙的智慧，因為它知道怎樣的安排對我最好。我想掌控一切，卻沒能獲得轉機，反而一直困在原地，凡事拖拖拉拉，毫無成果可言。不久後，我決定不要再讓女兒和我一起過那樣的生活。因此，我開始學著放手，把掌管權交還給宇宙，試著體會隨遇而安的感覺。該是我的就跑不掉。我不再企圖控制別人的行為，心情也放鬆許多。

過去我總是埋頭苦幹，不知道自己在忙些什麼，抬頭環望四周以後，才瞭解到該如何開發事業、拓展規模，也看見先前都沒注意到的機會。

許多人會陷入「關係成癮」的困境，不但想控制自己的境遇，也會想操控周遭親友的行為。針對這個概念，我的定義是這樣的：這些人過度依附他人，寧願犧牲自己的福祉，也要先滿足他人的需求。

在人際關係中，我們一談到「控制」，許多人會想到虐待、暴力行為，譬如不許另一半有自己的穿衣風格或是交友圈。但我自己走過療癒之路後才發現，許多關係成癮的行為會出現，是因為我們想避免衝突與不確定性。

關係成癮的行為包括：

- 為他人的行為負責。
- 在工作或家務上力求完美，以博取認同。
- 自認有義務替他人做事，而沒考慮到自己的需求。
- 讓他人占用你的時間、利用你的善意。
- 把別人的需求看得比自身的福祉還重要。
- 袒護他人，讓對方不必承受其錯誤的決策與後果。
- 試圖改變他人並替對方解決問題。
- 為了避免衝突或其他難以處理的情況而操弄他人。
- 忽略自己的需求，花時間去照顧不願自我關懷的人。

選擇放手，不再強行掌控一切，就能騰出心力，開始戒除關係成癮的行為。你會展開覺察力，以探究個人決策的成因，並聆聽、尊重自己的需求，而不再依據他人的想法來做決定。尊重自己，也就等於向世界喊話，讓旁人知道你的需求以及應得的待遇。世上有些神祕的力量比人類心智更強大，放下控制欲，放下對於未來的懷疑、擔憂與害怕，迎接新的機會與關係，心靈就會更加平靜。

你降生到世上，當然值得擁有復原的機會。自我懷疑與羞恥感會綁住你，讓你無法發揮獨特的才賦，但請不要以為自己毫無價值。每天都要關懷、照顧自己，除了求生存，人生還有許多意義。

想想在生活中，讓你控制欲最強的三件事，先明確地寫出來，然後再寫下三句自我肯定的話，來說明你要如何對這些事放手。你一定可以成功的！

第八章

焦慮是大魔王

對自己發揮同理心、
多多關懷自己，
才能消除或弭平內外在的創傷。

焦慮會引發恐慌的念頭，還會造成身體反應，導致體內分泌出皮質醇和其他壓力荷爾蒙，使人抑鬱不快。

活在焦慮中，就會自我孤立、寂寞不已。有位當事人這麼告訴我：「你不可能瞭解我的痛苦。很多人都以為這種問題靠意志力就能解決，老是叫我『振作起來』，但其實我的焦慮根本沒有人懂。」

焦慮是開啟復原之門的鑰匙

就印象所及，我評估過的個案都說他們有焦慮問題，有些人因此失去活力，生活中大小事都受到影響。也有些人覺得焦慮就像討人厭的微弱噪音，一天到頭纏著他們，怎麼樣都甩不掉。

某些個案的症狀的確出於心理疾病，如廣泛性焦慮症或強迫症，但也有不少人把焦慮視為自己的天性。這些當事人的共通點在於，他們並不明白，除了尋求專業協助外，其實也有自助的方法可緩解症狀。

人在焦慮時，第一個反應通常都是想找出原因，找出心中令人感到擔憂的事，然後就開始著手擺平那些問題。但焦慮不一定是具體事件或問題所觸發的反應，所以即便困難已解決，或相關因素已緩解，你還是會把擔憂的心思放在其他事情上。正因如此，許多人才會說，明明沒什麼事要操心，卻還是心煩意亂。那股憂慮占據身體，不可能消除，無論如何就是會存在。

受焦慮所苦的人一定知道，這種情緒無孔不入，無論是明天要參加面試，或是照鏡子發現自己胖了，都會使人心神不寧。為了消除那種感受，我們就會用上各種手段。譬如找藉口說不去面試了，這樣就不會有得失心；或是馬上開始節食，這樣就不會害怕站上體重計了。

當然，你會嘗到一點甜頭，焦慮感會暫時減輕，但它很快就會再度來襲，而且強度更甚以往。焦慮的人都知道，即使達成目標，也難以滿足於現況，總會一再求好。這是因為批判之聲得逞後不會沉寂太久，一下子就會再度開始作祟，所以我們得以正向且效果持久的方式來緩解焦慮。

我的當事人提絲黛就做得很好，她將焦慮化成了藝術作品。從她的故事我們可以看到，焦慮無所不在，而且有時觸發的原因根本沒什麼大不了：

我很幸運。我發現自己有焦慮問題時，突然靈機一動，「總有一天，我要上脫口秀，把這段經歷當做趣事告訴大家」。那時我就像個卡通人物般得意的。我瞬間看透自己的問題，於是鬆了一口氣。後來有製片人拍攝了相關的短片，我也現身跟觀眾分享了活在焦慮中的心路旅程。

某天我在銀行排隊，突然想到要買衛生紙，然後胃就開始翻騰，我想趕快衝去超市，但又必須完成開戶手續，所以就焦急地把待辦事項記在手機裡。我心情很緊張，就像出門時想到瓦斯爐忘了關，或是不小心把貓鎖在廁所裡。

那天不是什麼忙碌的日子，所以不需要急急忙忙地四處奔波。但我經常陷入這種焦慮狀態，胃還會不時地翻攪作痛。更慘的是，我之前從來都沒發現這個問題。但在平凡無奇的那天，我突然有所頓悟，發現自己原來都被日常小事所綑綁。

在那個當下，我心底突然想發笑，腦袋也赫然清明。我的心情截然不同了。過去我心裡總籠罩著一朵朦朧的烏雲，老是找不到做事的方向。現在我才發覺，那種過日子的方式不太對勁，而我胃裡那股不可名狀、不斷翻攪的恐懼感，也不是每個人都有的反應。

我鬆了一口氣，於是前去身心科診所掛號。我填了和焦慮相關的問卷，果然得到滿分；醫生開了藥給我。

在關鍵的時刻，我終於踏上復原之路。對於醫生的協助，我萬分感激。然而，吃藥雖有幫助，但無法解決所有問題。在療癒過程中，一定要小心、溫柔地觀察如影隨形的有毒情緒，並探究它們的起源。在焦慮的背後，有許許多多的念頭和成因，而有些問題藏得很深，可以追溯至孩童時期。

無知就是福。我彷彿打開了潘朵拉的盒子，巴不得能回到過去，把每件事情都抹去。話雖如此，我仍堅信逃避不能解決問題。如實地回憶過去很難、很痛苦，不過，這趟路走著走著，我已比從前更堅強。

認清批判之聲的本質，是這一路上最重要的課題。我從來不知道心裡有另一股輕柔、溫暖的聲音。我老是和諮商師爭辯，說我心裡有個悍將，他會保護與照顧我，並驅動我前進。但我很快就發現，那個悍將就是狡猾的批判之聲。它為了捍衛其價值，會想方設法地說服他人。

你不需要對抗批判之聲，而是要設法傾聽內心的同理、關懷之語。以前我從未意識到鼓勵之聲的存在，但慢慢開始聽見。起初，我以為它會使我變軟弱，帶我逃避現實，扼殺我的遠大抱負。我怕自己會變成草莓族，畢竟，老是聽這些肉麻又沒骨氣的話，人生能有什麼成就啊！不過漸漸地，我發現了鼓勵之聲的價值，於是更努力地傾聽它的話語。

只要是出於焦慮和恐懼，做任何事都不會成功。我生命中的種種經歷就是最好的證明。現在，只要感到軟弱、覺得焦慮又占上風時，我會先靜下心來沉澱一下。這時就會發現，使我害怕、耗盡心神的，就是批判之聲。它會占據我的心靈，並踐踏溫暖又有同理心的關懷之聲。

對自己仁慈，和善良的人來往，都有助於強化鼓勵之聲。此外，花時間獨處也很有幫助。有時我會忘記這點，必須特意提醒自己。有時批判之聲會突然回神，而我又去跟負面的人來往，並陷入自毀的行為模式。這時我會生自己的氣。但很快我就會發現，那是狡猾的批判之聲在暗中搞鬼，想讓我自責。很卑鄙吧！現在，要是發現自己被批判之聲操控，我都會盡量以關懷與同理心去面對。

令我驚訝的是，消除焦慮不是療程的重點，而是附帶的效果。趕走焦慮並不容易，而且去諮商也不是為了處理這個問題，因為它只是表面上的症狀而已。累積多年、甚至一輩子都擺脫不了的有毒思維才是根本成因。

焦慮就像批判之聲的地下盟友，時時刻刻跟在我左右。每當我暫時逃脫、應該要喘口氣時，反而會煩躁不安，無法享受平靜的喜悅。我總是在擔心有事要發生了。現在情況已經反轉了，我不再把內心不安寧當成常態。對我來說，焦慮是一種警示，但那種不舒暢的感覺偶而才會出現。換個方面想，焦慮開啟了我的療傷之旅，它也是一種禮物。

焦慮的源頭是恐懼

閉上雙眼，感受一下焦慮對身體的影響。你曾有以下這些感覺嗎？

- 覺得大難臨頭了；
- 呼吸困難；
- 胸口／喉嚨緊繃；
- 覺得必須做些什麼，但又說不出原因；
- 心悸；
- 流汗；
- 顫抖；
- 想吐或腸胃出問題。

其實，以上症狀也符合恐懼對身體造成的影響。為焦慮所苦的人很多，我認為這種情緒其實是一種恐懼感，是源於未撫平的創傷。焦慮會使人走上自我懷疑與毀滅的不歸路，造成一連串的身體症狀，甚至會引發恐慌症大爆發。

從前我每天都活在過度警醒的狀態下，時時刻刻都在提防，深怕遭遇任何危險。那種備受威脅的心態並不合理，旁人也很難理解，但我總覺得自己只是個性比較緊張，沒辦法放鬆而已，沒想到那其實是未撫平的創傷所致。以前只要事情做不好、無法達成目標，我就會感到挫折、氣惱，進行療癒練習後，才知道必須多同理自己一點，早年的傷才能治好。唯有帶著同理心關懷自己，才能消除內外在的衝突。療傷的核心步驟就是自我關懷，復原全靠它了。

因此，探究「焦慮」時，不妨視之為「恐懼」，如此一來，就能從不同的角度處理它。許多人小時候受過創傷，內心都躲著擔驚受怕的小孩。他們在幼年時，總覺得自己不受關注、重視，並打從心底感到不安。他們對周遭環境的感知，內化成潛意識的一部分，並不斷影響其成年後對外在世界的看法。

長大成人後，我們一天到晚感到焦慮，以為那是生活不順所致，但其實那是過往經驗所累積的恐懼。把問題侷限於「焦慮」，就會耗費心力在控制症狀，無法進一步消除原初的創傷。唯有培養安全感，才能讓自己不再害怕。

長期處於過度警醒的狀態，人就會非常疲憊。我的親身體驗可以為證。壓力荷爾蒙在全身流竄，我隨時都準備做出戰或逃的反應。凡曾受虐或受過創傷的倖存者都會時時保持戒備，但這不是出於自己的理性選擇，而是潛意識中的念頭浮出後所導致的嚴重焦慮。源於創傷的焦慮目前還沒有正式的診斷，不過這必然和焦慮症及其他心理問題有關。

焦慮為恐懼的症狀之一。感到害怕時，多多關懷、撫慰自己，負面的感受就會退散。一旦置之不理，恐懼和焦慮就孳長增生；反之，若能覺察這些情緒並以愛和善意回應，情況就能緩解。內在小孩覺得受到關注、重視與關懷後，害怕與憂慮的症狀就會減輕。

焦慮症狀不可能一夕消失，但只要肯花時間、保持耐心，一定能學會以愛回應自己的情緒，走向復原之路。

創傷未撫平，生活各方面都會以徵兆

未能處理或解決的創傷，會影響人往後的生命與選擇。讓我們先瞭解以下幾個徵兆，看看自己內心是否仍在隱隱作痛。

不願意在伴侶前顯露脆弱的一面

若早年經歷過創傷，我們會難以信任他人，也不願展露脆弱。有些人自認絕對無法與人建立親密關係，不論在情感與精神層面，都很難與伴侶產生有意義的連結。

其實你不敢展現脆弱。若能承認這一點，就是朝揮別這份恐懼邁進一大步。你很怕真實的模樣被看見，但矛盾的是，你也不斷在尋求認可，希望自己的需求能獲得他人的關注與肯定。所以，請先留意你是否常會掩飾自己真正的模樣，這樣才能開始挑戰自己，與他人互動、交流。

打從心底感到自卑

沒有處理的自卑感會惡化，使人覺得自己無望又沒用。相反地，好奇心則有助於自我療癒。所以請問問自己，為什麼覺得自卑？是不是發生過什麼事，讓你有這種感覺？

我們很容易就接受自我批判的想法。不妨仔細去探究，你為什麼會自認不如人，並試著推翻那樣的想法。善用正念技巧，觀察自己的思維模式，挑戰長久以來自我貶抑的念頭，以及你對自己不切實際的期待。

認爲自己太胖（太醜或太笨），不配有人愛

創傷未解的人都有這樣的核心思維：發自內心地相信自己「不夠好」，不配得到愛。好好想想，你真的這麼糟嗎？你是不是有過什麼慘痛的經驗，所以才這樣看待自己？

自我批判的危險之處在於，你對它深信不疑。多多練習正念，就會知道那些都只是倏忽即逝的念頭，一點也不重要。

覺得生來就是有哪裡不對勁

找人談論創傷、分享內心的感受，否則痛苦會內化、加劇，在心裡堆積。憤怒、恐懼與焦慮不斷增長，並影響到你身體的運作。你全身都感覺不對勁，相信有問題的就是自己。

會有這種感覺，是源自於深埋的創傷與痛苦。找一些人支持你，與其分享真實的感受，就有助消除傷痛。向人傾訴並不容易，卻是療癒之旅中必經的的一站。

害怕原形畢露

許多人都擔心自己真實的模樣被看見，更害怕被人拒絕。創傷帶來的強烈羞恥感是如此折磨人心，導致我們無所不用其極，防止他人看到自己引以為恥的那一面。就這樣，不少人都把真實自我藏起來，過著假面的日子。久而久之，他們覺得自己很虛假、像騙子一般，於是又再加重羞恥感。

有些人想處理這個問題，但太過躁進，還沒找到可靠的對象，就急著傾吐過往的細節。創造安全的環境，謹慎地找到可信的人，慢慢敞開心房，這樣才真正能破除負面的羞恥感。

覺得自己像小孩一樣，無法應付人生

沒能消化或承認兒時遭遇的創傷，情緒控管和自主意識都會比較差。即使已經長大成人，情感上仍然不太成熟，感覺自己離社會還很遠，無法處理、應付周遭的一切。你不信任自己，老是覺得手足所措，不知道該如何面對人生。

對食物、性愛、藥物或酒精有不合理的態度

對自己有愛與關懷，就不會想自我傷害。暴飲暴食（或不吃不喝）、性成癮（或性冷感）以及有藥癮或酒癮問題的人，通常也都有自我憎恨、自尊低落和自卑情結強烈等問題。會有這些核心思維與感受，是因為內在小孩在設法應付未撫平的創傷。但多數人都未能深入探究，反而把那樣的感覺視為「常態」。

事實上，沒有誰非得忍受這種有害的自我關係。要多告訴自己，你有許多可貴之處，進而翻轉自我對話的性質，並改變你與他人的相處模式。找出自己特有的價值觀，就能開始療傷。

恐懼與焦慮的人身體也會有問題

長期與恐懼、焦慮共存，會造成各式各樣的身體症狀。除了精神疾病外，收治到我診所的個案都有身體不適的狀況，像是作嘔、便秘、膀胱癌、鵝口瘡、消化不良、頭痛等，症狀繁多；此外，婦科問題的比例也很高。

心理狀況出問題，生活型態也不會太健康，因此有這些症狀自然就不意外。關鍵在於，身體與心靈密不可分。許多研究都已指出心理創傷對身體的影響，有興趣的讀者可參考本書附錄的推薦閱讀清單。

心靈開始療癒後，身體也會跟著復原，反之亦然。有些受虐婦女會認為，身為女人就活該受罪。懷有這樣的羞恥感，身體就會出狀況，譬如慢性骨盆腔疼痛、陰道痙攣和陰道炎等婦科問題。她們生病後，更不願去看醫生或接受性病檢查；有些人甚至不進行產前檢查。

瞭解症狀從何而來，才能踏上療傷的路。我有些女性個案曾被診斷出有慢性疾病，但在開始滋養、療癒心靈後，症狀就完全消失。若身體有症狀，請務必去看醫生，但身心的療癒密不可分，所以俗話才說「喜樂的心，乃是良藥」。

心靈之花

透過「心靈毒花」（viciousflower）的概念，我們能辨別自己的有毒思維，找出困住自己的思考模式，從中抽離，並改變觀念。找出內心深處的毀滅性念頭，觀察自己回應的方式，就能看出它們如何相互強化。

從第一六九頁的圖中可看到，當你開始糾結於某個念頭之後，就會有一連串不健康的想法，並陷入有毒的行為模式，最後又強化了起初那個念頭。我在進行諮商時，會先引導當事人找出自己的自毀性行為。接下來，我不會請他們直接設定解決方法，而是要他們去覺察當下的強烈焦慮感，並相信那種感覺終會散去。各位不妨觀察一下自己是否也有類似的思維。

壓力與煩惱會不斷出現，你不可能把它們全都消滅，以徹底解決焦慮問題。那是徒勞無功的舉動，只會讓自己感到精疲力竭，因為你無論如何都找得到更多的事瞎擔心。重點在於調整心情與觀點，保持穩定的心態，即使是面對令人擔憂的情況，也不會太過操心。就算陷入困境，也能泰然處之、找到安定身心的辦法，不會心煩意亂。雖然如此，嚴重的焦慮感偶爾還是會出現。

焦慮感為什麼會時不時地湧現，背後又有什麼成因？這是我們必須關注的問題。只要能從中找到訣竅，發現照顧自己的妙方，就能在復原之路上更進一步。

有些人會花許多時間檢討過去的錯誤與遺憾，但除此之外什麼也不想。難道他們沒有更重要的事得面對嗎？針對這個問題，他們想破頭也沒答案。這是因為，他們只是利用無關緊要的事項來轉移注意力，以避免思考當下的苦痛與孤獨。因此，

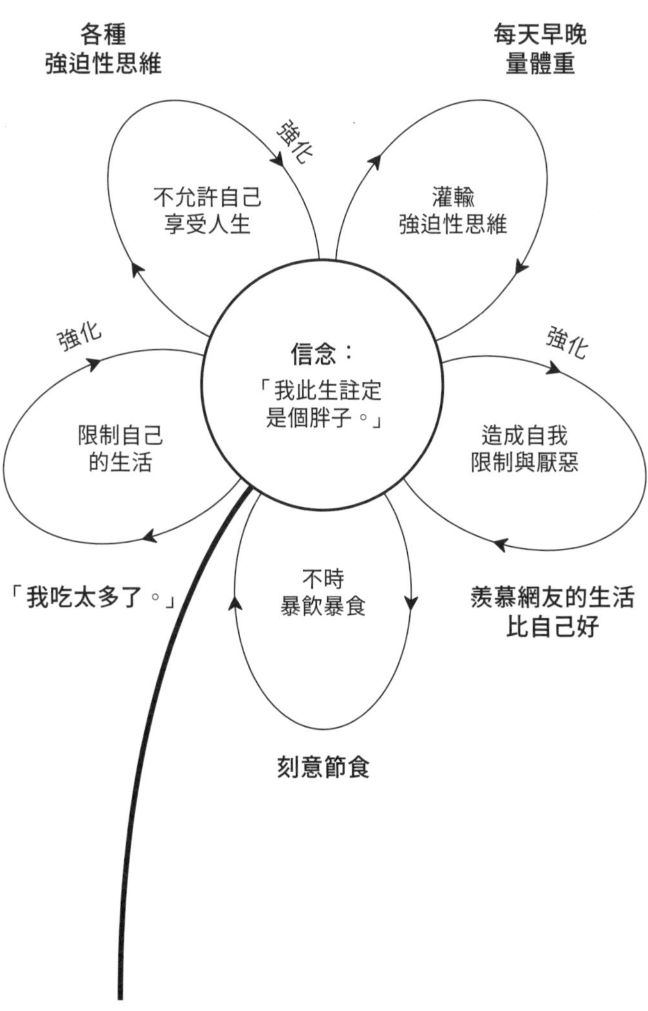
心靈毒花
各種
強迫性思維
每天早晚
量體重
強化
不允許自己
享受人生
灌輸
強迫性思維
強化
強化
信念：
「我此生註定
是個胖子。」
限制自己
的生活
造成自我
限制與厭惡
不時
暴飲暴食
「我吃太多了。」
羨慕網友的生活
比自己好
刻意節食

請讀者也思考一下這些問題：

把時間省下來，不要再反覆尋思過往的遺憾與後悔之事，那麼你會想些什麼？

你紛亂的思緒之下，是否藏著什麼未解的創傷？

療癒小撇步

探究情緒的成因時，最好把相關的想法記錄下來。找出時間與空間，多利用書寫及發揮創意，與童年時期的自己重新連結。拿起筆來，放下你的控制欲，隨興所至地寫，讓思緒自由地流瀉出來。

復原妙方：描繪未來的自己

每天花十分鐘寫下理想中的願景

長期以來我都在做這項練習，很高興能把這個妙方告訴各位。它是由療癒大師妮可・勒佩拉醫生（NicoleLePera）所開發的有效療傷方法，你所想要的一切，都可以透過這方法來實現。

每天撥出一點時間，按照以下提示的原則來寫作，描繪出理想中未來自我的樣貌，強化信念，就能實踐目標。用心觀想，並寫下你所期望的嶄新未來，目標就會比較容易實現。心境會決定處境，積極採取行動，下定決心改變思考方式，就可以開創新局。

這個練習不需要花太多時間，要有毅力，每天靜心十分鐘，坐下來專注地寫作。我一再強調，療傷的關鍵在於找出問題，保持覺察力，對未來做出審慎的決定。反覆練習，就能感受到成效。所以，現在就對自己許下承諾，趕緊開始吧！

第一步：自我覺察

1 選定你想培養的生活模式或言行，譬如學著自我關懷，把它當成生命中最重要的事。

2 寫下一些自我肯定的話或勵志格言，來鼓勵、驅動自己達成目標，譬如「生而為人，關懷、照顧自己是我的權利」。

3 寫下你的方法，在日常生活中落實這個新習慣，例如早上起床先進行冥想，觀想今天最重要的事，並說出關懷自己的話語。

完成第一步之後，暫時不必再重複這個步驟。過了一個月，或等到你已成功培養新習慣，再寫下另一個新目標。

第二步：每日寫作提示

1 寫下肯定自己的話，譬如：我有資格得到愛與尊敬。

2 接續以下提示把句子寫完：

「今天我要努力改變習慣，開始……」（譬如把自己視為第一優先）。

「我很感謝……」（譬如感謝自己願意許下承諾，努力改變，或是謝謝家人和朋友的支持）。

「改變後的我，將更能感受到……」（譬如喜悅、富足與身心平穩）。

「我現在就可以……，朝理想中的生活前進」（譬如投入自我關懷的練習）。

「我想到自己改變後的樣子，就覺得……」（譬如充滿力量又有希望）。

這項練習隨時隨地都能進行，重要的是要有餘裕能專注思考。對我來說，傍晚時分最適合靜靜地坐著，思考人生各方面的發展與成長。讀者可以自行決定合適的時間與地點。

長久以來，我都不斷在描繪未來的自己，藉此改變陋習、實現理想中的生活。我找到與自己相處的空間、為自己的人生負責。這個也是個絕佳的方法，讓你回顧一路以來的進步，為自己注入動力。

第九章

來一片心靈的 Oreo

內在小孩需要你的重視、關注與保護。

內在小孩是心中另一股聲音，它反映出你童年的各種體驗。無論你年紀多大、外在多成熟、現況又如何，心裡都還是會住一個孩子，承載兒時吸收的所有經驗與想法。在本章節中，我會教你好好保護內心那個受傷的孩子，讓他得到認可與安全感。

要承認自己在童年時期有所欠缺，其實並不容易。在探究早年創傷的過程中，不少人會有罪惡感，覺得這樣做好像是在責怪父母和照顧者。也有許多人小時候老是被大人忽略、沒能得到周全的照顧、更缺乏情感上的連結，甚至受虐，但都不願意承認。先提醒讀者，這項練習不是要你責怪他人，而是為了讓你能省視真實的自己，並接納、理解過往的經歷，藉此好好療傷。

內在小孩一直伴隨你成長

若孩子成長於艱困的環境，情緒或身體上的需求沒能得到滿足，就會發展出一套特定的思考方式和應對策略，直到長大後都仍繼續沿用。在成長過程中，自己的需求若被忽略，就會有深深的羞恥感。有些人甚至因此覺得自己有缺陷，羞於見人。

年幼時，我們會有各式各樣的基本需求，這是身而為人的本能。但有些人的需求沒能得到滿足，因而自覺汙穢、不堪，那就是內在小孩長期處於被否定的狀態。

許多當事人一承認因為親子關係造成的痛苦後，都會對父母深感愧疚，不過請記得，首要功課並非責怪，而是對自己與身邊的人懷抱同理心，並體諒他們的難處。撫養我們長大的人，其實也背負著沒能消化的情緒，活在受傷的狀態之下。他們一樣不知不覺地在書寫自己的人生腳本，並重現他們童年時期學得的習慣與生活模式。

這項練習有助於喚醒內在深處的同理心，能消除當事人對照顧者的憎恨與憤怒。其實，傷害你的人心裡也受了傷，所以你應該尊重自己的感受，並允許自己悲傷，不需要一味怪罪對方。

童年時，很多事若未能得到周遭大人的理解，受到創傷也沒有人在乎並給予安慰，我們的羞恥感就會加深，並變得沉默。有些人從小就必須照顧自己，像吃飯、穿衣服等都要自己來。他們的注意力都放在求生存，所以不懂得怎麼愛自己。如果他們還得照顧弟妹或父母，長大後便會把他人的需求看得比自己的還重要。有些人會被父母當成吐露心事的對象，所以會太早熟而失去童真，因為他們得搞懂複雜的成人世界。若是照顧者本身就背負著創傷，就很難跟孩子維繫親密關係。

有些人生長於失和的家庭，童年過得很辛苦，並相信自己是問題的根源。他們以為透過控制自己與他人，就能避免衝突。有些孩子力求表現，希望媽媽不會生他們的氣。有些孩子一下課就幫忙做家事，以免爸爸把所有事情都丟給媽媽。

小時候受到忽略或任何形式的虐待，長大後就常故作堅強，不允內心表現出脆弱的一面。他還會築出一道堅固的城牆確保自己的安全。內在小孩的痛苦、悲傷與憤怒都會繼續跟著你，無論你長到幾歲都不會消失。

每個人都有自己的經歷與故事，那些記憶與往事對我們的影響，都由內在的小孩承載。他是我們的一部分，只要有些事情一觸動他的感受，他就會甦醒過來。

跟內在小孩對話，不但有助於改變現狀，也能療癒心傷，但一定要持之以恆。你必須分析自己如何看待及回應特定的情境，並徹底修正。一開始你會覺得有點不適應，但請務必相信，改變一定能成真。我在練習時發現，束縛我的不僅是自身的核心思維與觀點，還有一些承襲自他人、但其實完全沒有說服力的想法。我想要為生命多注入一些歡樂、創意與幽默，所以不能再壓抑內在小孩的感受與聲音，否則我就難以像孩子般創造生命的喜悅與驚奇。

創傷被掀起時，最容易與內在小孩產生連結。療癒早年的傷，能喚醒兒時的純真與美好，而現在的自己也會變得更具同理心，更有能力面對困難與挑戰。

喚醒內心的老奶奶

瞭解內在小孩的欲望與需求後，就可以開始思考要如何調整鼓勵之聲的語調，讓那股聲音化身為寬容的長輩，以家長的身分對自己說話。

家長之聲會在童年時期於內心浮現，模仿你從主要照顧者口中聽到的訊息與警告，譬如：不要跟陌生人講話、過馬路時要停看聽等。

這些都有助於維護孩童的人身安全，不過，某些教誨與告誡則不是那麼有益。

像是「男人都有虐待傾向，會傷害女人」、「吃某些食物會變胖」、「賺很多錢才會快樂」等。照顧者如果沒有發現自己在傳達不健康的觀念，就不會意識到它們會對孩子造成多大的傷害。

在療傷過程中，各位可以反思自己的道德觀與常識，看看它們是從何而來，對你的影響是正面還是負面。你會發現，像「男人都會傷害女人」這樣的看法對自己沒有幫助，還會讓你在不知不覺中落入那種情境，以印證這句話、維繫既定的看法。

不妨後退一步，覺察自己回應特定情境的方式與原因（也就是去觀察自己在不知不覺中所做出的決定），對療傷會有很大的幫助。辨識出家長之聲後，你會發現它已經與批判之聲合流，變成了我所謂的「批判型家長」。它是批判之聲的眾多化身之一，會不斷嘲笑、羞辱與懲罰內在小孩，並忽略他的請求。

「恐懼」在教育中扮演很重要的角色，它有助於保護人身安全（譬如不要玩火，否則會燙傷），但用於引導兒童的情緒時，卻非常危險。舉例來說，「男人都會傷害女人」是基於個人經驗的主觀想法，而非事實，更不是一體適用的規則。

瞭解自己的觀念源自何處，找出值得維繫的想法，改變負面的執念，就可以開始探尋並強化心中那個「寬容的長輩」。這股內在之聲會給予關愛、引導與溫暖，安撫內心的小孩，並秉持耐心和包容心，陪伴他走上未來的路。

當批判之聲浮現或發現自己落入從前的負面思維時，請不要責備自己。先深呼吸，然後想想，如果是親友遭遇你現在的處境，你會怎麼安慰對方。其實通常只要一句「沒事的」或「我會去陪你」，就能讓人心情好轉，有力量再繼續前行。

如果你一輩子都困在負面的自我對話之中，更需要大量練習，才有辦法強化寬容大人的聲音。請別放棄，你一定辦得到。一開始你會不得要領，脆弱的一面也會被觸發，但這並不代表你錯了。這項練習的祕訣無他，只要堅持不懈，就會看見成果。

療癒內在小孩

第一次感受到內在小孩的傷痛時，會令人不知所措。受到傳統觀念的影響，許多人會誤以為，面對過往的創傷時，就是要加以壓抑、忽略，但這麼做等同在否定自己的深層經歷，反而使羞恥感加劇。

諷刺的是，我們有傷痛需要治療，多半是因為父母也被羞恥感所束縛。換言之，家長要是不知道該如何愛自己，就很難教會孩子自我關懷。

承認內在小孩的存在，才能治療過去的傷。認可並接受那個孩子的經歷及感受，心中的羞恥感便會漸漸減輕。孩童時期的你無力改變現狀，只能以你所知的方法求生存，所以，你必須原諒當年的那個自己，才能真正治好內心深處的傷。

我花了好幾個月的時間，和我的案主碧翠絲一起探索內在小孩。最後她感受到真切的改變，也開始認可並擁抱內心的孩童：

> 我孩子氣的那一面總讓我尷尬又窘迫，每次看到小時候的照片，我都會感到羞恥至極，覺得自己「可悲」又「軟弱」。在成長過程中，我媽時不時會憂鬱症發作，所以我從很小就知道她的需求永遠都比我的重要。可是那種關係讓我很困

惑，有時她很願意陪我、照顧我，但有時卻又在我的生活中完全缺席。

長大成人後，悲傷壓得我喘不過氣來。我認為自己是個笨手笨腳的白痴，也深怕真面目被揭穿，所以一直都活在偽裝之下。與內在小孩對話後，我發掘出自己有創造力的一面。我以前覺得自己是美術白癡，但現在會畫畫、素描、捏陶土，在原先從未踏入的領域，用髒亂的雙手擁抱內在小孩。每當我無法用言語訴說感受時，就會用創作來代替發言，從中我找到了安慰。

無條件地安撫內在小孩

我們先前已討論過培養自我同理的重要性，但實際上究竟該如何練習呢？要治療內在小孩，你必須直接與之對話，並重新以家長的身分照顧他。內在小孩已被遺棄、忽視了那麼久，你必須給予充分的承諾，那個孩子才會相信你會一直陪著他，不會一走了之。這樣一來，內在小孩的需求就能獲得滿足，你也可以調整自己的依附模式，以利往後發展安全、健康的關係。

每一天的每一分鐘都是良機，你可以練習無條件地包容與關懷自己。內在小孩需要獲得旁人的重視與安全感，你必須給予無微不至的關懷，並忠實地聆聽他的心聲，不要批判他所經歷過的一切。

剛開始那幾年，內在小孩每次出聲，說的都是「我好害怕」，而我則會回答「沒事的，有我在」。那段日子真是難熬。雖然這項練習聽起來有點玄，但請相信我，它真的對你有幫助。內在小孩得到撫慰以後，逐漸學會接受自己、相信自己，而我心中那把火再次旺盛地燃燒起來，想在人生路上繼續成長。

過程中，你會變得很脆弱，批判之聲便會趁機非難、貶抑內在小孩的存在。因此，我們必須多加練習。否則內在批判者會很用力地貶損你的經歷，並否認創傷事件對你造成的影響。內在小孩深怕被羞辱、辜負和遺棄，所以你得挺身而出，他才會確信自己將不再孤獨。

療傷的六個階段

1 **信任**：受傷的小孩要先相信大人會陪伴在身邊，才能找到發聲的勇氣，而你就是孩子的盟友，要聆聽、認可他的經歷，並給予安慰。當你想起痛苦的回憶或情緒被觸發時，請不要忽略或壓抑。反之，你應該勇敢面對並安慰自己。接納並理解內在小孩的傷痛，就能修復他對外界的信任感。

2 **認可**：我們都有被拋棄、羞辱或忽視的經歷，但常常否認它們的存在，或是輕描淡寫地視之為作小事。請坦然面這些真實的經歷，並承認它們在你內心深處所留下的傷痕。

3 **哀悼**：接受並承認自己的真實經歷，不但會令人痛苦，還會伴隨著悲傷、驚嚇或憤怒的情緒，這些都是哀悼時的自然反應。勇敢面對真正的自己，才有機會改變、翻新失調的價值觀與回憶。有了這番覺悟，就能培養出全新的思維。

4 **寂寞**：承認並接受童年時期的創傷，會讓人覺得丟臉、孤單。內在小孩會設法把不正常、有缺陷的地方隱藏起來，導致我們成年後深受冒牌者症候群所苦，害怕被人看穿自己的弱點。所以，要學著愛自己，並以無盡的關懷與同理心，把躲藏的自己哄出來，才能理解並尊重自己的人生經歷。

5 **觀察創傷如何影響你現在的生活**：早年的創傷會影響你的身心，造成你負面與失調的行為模式。認知兩者間的關聯，才能將其轉化為健康的自我關懷模式。

6 **剖析童年經歷**：釐清兒時遭遇過的創傷，找出它們在你成年後所造成的影響，你就知道該如何滿足當下的身心需求。舉例來說，你從小就對大人感到失望，那現在你就可以對內在小孩承諾，你會遵守與他的小小約定，藉此贏得他的信任。如果你從小許多需求都被漠視，那現在你可以對內在小孩保證，你會呵護、重視他的各種需求。回首過去很痛苦，但這是通往未來的唯一出路。

在這個階段我常會提醒當事人，哀悼是人性中最自然、也最具療癒性的情緒。走過驚嚇、憤怒、悲傷和接受這四個階段後，終能學會處理生命中的事件。刻意壓抑或拖延進度，療傷效果就很有限。

要想療癒內在小孩，得先允許自己展露真實的情緒，不帶批判地全然接受。給予自己時間與空間，好好地哀悼過去，就能慢慢接受自己真實的模樣。

成年後，我們都渴望與他人連結，想重溫過去與人的交流經驗。兒時的你，總是以喜悅與驚奇的眼光看待生活，瞭解自己的定位，也對外在世界充滿期待。曾經，你是那麼地完整，懂得活在當下，也不畏懼與他人來往。但隨著成長過程所經歷的外在事件，平靜的內在才慢慢崩塌。

療癒小撇步

有些人很難跟內在小孩對話。不妨找一張嬰幼兒時期的相片，好好端詳自己的模樣，但不可加上評論的話語，而是要專注地與當時的自己建立連結。

復原妙方：改變心情

批判之聲總是非常強大，讓我們難以找到前進的力量。所以我彙整了一些改變心情的妙方，透過這六種簡單的方式來恢復正能量。轉換心情的招數多多益善，你也可以創造自己的方法！

一、判讀身體的訊息

剛開始諮商時，許多當事人會無法察覺自己的情緒，也體會不到活著的感覺，所以在療傷過程中，他們必須重建身心之間的連結。但是，為了忙著與他人互動、應付日常生活，我們常會忘記關心自己的狀態與需求。所以請養成習慣，偶爾停下腳步、喘息一下，覺察身體與心靈是否一切安好。

有些人無法體察到自己的感受。別擔心，從最基本的練習開始就好。情緒升起，或生理上有需求時，身體通常會發出訊號，而你只需要學會解讀這些線索就行了。舉例來說，肩膀緊繃代表壓力大、無法放鬆；牙齒緊咬時，就是在生氣；胃在翻攪是害怕的徵兆；至於腿很痠的話……那就真的該休息啦！不過這些都只是假設而已，每個人的狀況不同，沒有什麼定律可以用來快速推斷身體感覺所代表的意義。

因此，要多多培養對身體的好奇心，並學著判讀生理線索。慢慢改變回應身體訊號的方式，生活品質也將會大大提升。這項練習要一段時間才能上手，但請別擔心，畢竟學習任何新技能都需要耐心與毅力，不是嗎？

二、不時傳達善意

我們都只在意自己得到什麼，而忘了付出，但多多幫助有需要的人，療傷過程也會更加順利。感到恐慌時，不妨試著付諸行動、對他人傳達善意。

善良是我最喜愛的人類特質，因為行善讓人感到滿足，也可以讓世界變得更美好。善良是鼓舞人心的強大力量，所以在旁人身上觀察到這項特質時，我總會很開心。我先生湯姆就是個暖男，他會對陌生人微笑、泡茶給街友喝，也會花時間幫助需要的人。善良是有感染力的，多加表達善意，情緒就會更平穩。

三、安靜地散步

我出門散步時，會提醒自己少戴耳機，讓耳朵休息一下。走路時，聽音樂、播客節目和有聲書，或是打給朋友聊天，是非常悠閒的活動。但偶爾給自己一點時間靜靜地獨處，也會很有收穫。

安靜地四處漫步時，不妨注意周遭的一切，像是天空的顏色、野生動物、空氣的質感與味道等。當腦袋沒被手機訊息塞滿，有時靈感就會突然湧現，讓我喜出望外。出門時，專心地享受大自然，接著帶著全新的點子和更清明、平靜的心回家。

四、整理環境

想保持心平氣和，身處的環境就必須令人感到平靜。若周遭一團混亂，自然很難與自己和平共處。

收拾環境、整理衣物、清理廚房或做些其他日常雜務，能使人內心平靜，並有助於轉移注意力，讓你不再深陷於負面的想法中。只要幾件簡單的任務，像是整理書桌、將各式各樣的文件歸類等，就可以讓你不再反覆琢磨內心的煩惱，把心神用來處理更有意義的事。

五、篩選視聽內容

在我的守則中，有一項是晚上絕對不看新聞。睡覺前讓腦袋充滿關於戰爭、失去與痛苦的報導與畫面，會殘害心靈（可惜現在的新聞八九不離十都是這些內容）。要瞭解時事，不如閱讀報章雜誌，或是和想法有見地的人聊天。

晚上若想閱讀或觀看影片，一定要考慮到當下的心情，並問問自己，希望從中得到什麼娛樂效果。情緒低落或內心脆弱時，看些能讓你大笑的影片是很不錯的選擇，比爾．莫瑞（Bill Murray）的電影和茱莉亞．戴維斯（Julia Davis）創作的喜劇就是我個人的影音療癒法寶！

這話聽起來或許老套，但說真的，想改變人生、不再受批判之聲操控，大笑幾聲會讓你輕鬆許多。

六、聽音樂

有些內心感受無法用言語來明確描述，聽音樂會是讓你與情緒產生連結的好方法。音樂能改變心情，將人拉出憂鬱的漩渦，幫助你轉換心境，不過當然啦，前提是得挑選振奮人心的音樂，否則反而會拖垮情緒。

找些能觸動你靈魂、帶給你靈感的藝術家，或參考朋友的喜好，有機會的話，也可以去看現場表演。抽空好好去聆賞音樂，會得到不可思議的療癒效果。

下次想伸手拿遙控器前，記得多思考一下！

第十章

回到未來

即使症狀消除，
也不代表已完全復原。

在這個階段，你會對生命感到迫不及待。現在，你可以開始勾勒自己想要的未來，而且你擁有必要的技能，可以達成目標。

有些人對此會不知所措，我還記得，當我意識到自己擁有強大的力量可以創造未來時，雖然很興奮，但也覺得很可怕！長久以來，我是那麼地無助，也一直有被害者的心態，所以花了一些時間，才真正掌握自己的力量。如果你也有這種感覺，我可以理解，也請相信我，只要一步一腳印慢慢往前走，就一定能抵達你想去的地方。

培養自信與好心情

各位現在已經瞭解批判之聲的運作方式，也比較能以聰明的方式處理，所以，我們可以開始聚焦於未來。希望各位能以更快樂、更有智慧、更有自覺以及更有力的姿態，重新踏入這個世界。

初期的復原練習會讓人覺得很難、很累，而且進度緩慢。這個階段則不太一樣，但就各方面而言也很重要。怎麼說呢?從前你覺得自己只能屈就於現狀,但現在,你可以活出真正想要的人生。本章的重點在於替你打下基礎,幫助你發展良好的自我關係,學會用大量的愛與關懷來滋養靈魂。

世上有許多人不相信改變會成真,也不認為能翻轉看待自己與外在世界的角度。對此,你也曾覺得很不可思議,但現在的你已經蛻變了。剛開始讀這本書的時候,你還深陷泥淖中,而現在驅使你改變的,就是自我信念。撐過起初那幾個階段,真的很不容易。各位一定要發自內心地以自己為榮。將來再回首這段日子,也一定會佩服自己的成果而深受啟發。

在復原之路上,許多人以為只要專心處理令人痛苦的有害症狀就好;暫緩自毀式的行為,改掉不健康的習慣,認為這樣就算達成目標,不敢再奢求更多。不過,就我的治療理念而言,這樣還不夠。讀到現在,各位應該已經很清楚了,如果沒有發自內心地改變,就不可能往前繼續走。我們要改變有毒的行為模式,還有造成這些行為的自我意象。

復原練習能幫助你療癒舊傷、學會照顧自己，還可以帶來許多機會（當然，能夠完成這兩項功課就已經非常了不起）。要想徹底復原，必須以完整的自尊為基礎，與自己建構出穩固而帶有同理心的關係，並擁抱全新的生活方式。自我發展的旅途沒有終點，總有成長的空間，也常會出現新的啟發。此外，你還要努力培養親密關係，為之注入養分，尤其是要善待自己。

我清楚地告訴各位：「你的未來無可限量。」從前的你會輕視自己，是因為兒時養成了自我侷限的觀念，所以才會無法發揮潛力，也找不到喜悅與平靜。不過請別著急，只要對自己用心，並努力療傷，就會自然而然地得到你真正需要的一切，成為更完整的人。

不要對過去耿耿於懷

我們總會對過去耿耿於懷，包括後悔做過的決定、懊惱自己為何尚未復原。對此，我都會這麼回應：我們經歷過的痛苦與創傷，全部都有意義。當然沒有人會想重來一遍，但每次經驗都是寶貴的學習機會，遇到了就去面對。

有許多重要的領悟都是從痛苦得來。美國作家格倫儂．道爾（Glennon Doyle）、布芮尼．布朗（Brené Brown）、約翰．布雷蕭（John Brawshaw）的文字，以及創作歌手印蒂雅．艾瑞（India Arie）的音樂為我帶來許多慰藉。我瞭解到，痛苦也是一種啟發，能令我反思過往，並鞭策自己要做得更多、夢得更大，也因而獲得了轉變的契機。

在復原的路上，你勢必會遇到困難，要提醒自己，無論遭遇什麼事，你都有辦法可以應對，而任何挑戰都會是學習、成長的機會。另一方面，要是發現自己偏離軌道或偶有顛簸，則不妨退後一步，反思一下至今的經歷，然後再繼續向前。

你，一定能做到。

心境決定你的境遇

所謂的「顯化」，意思是以主動之姿，讓內心的願望成真。方法很簡單，但必須多加練習才能改變心態。其實你擁有強大的力量，可以決定自身境遇。

外在世界會反映出你的心態，所以要常保持正面的想法、鞏固自己的信念。保持快樂而喜悅的心情，才能迎接豐盈又富足的人生。正向特質會顯化到現實生活中，更好的機會、愛你的人都會被你吸引過來，人生會更符合你理想中的藍圖。

相反地，要是長期聽從批判之聲，耽溺於負面思考之中，那麼憤恨的情緒和內在那股惡毒的聲音，也都會投射到現實生活中，導致你錯失機會、陷入有毒的關係，身心靈也越發虛弱。

相信你此刻仍在與批判之聲奮戰，而它也會叫你不要再看書了，還說作家都是胡扯的。那些話都是以恐懼為出發點，而不是以信念為基石。所以，請提醒自己不要誤信那個不健康又愛挑剔的聲音。一定要相信自己和身邊的人都可以達成夢想，努力顯化內心的願望，就真的會實現。

這是我的親身經歷，確實有效。我就是藉由這個方法打造事業、遇到現在的伴侶，並生下了孩子。每天我都滿懷感激，因為我曾度過一段缺乏信念的悲慘歲月。

我見證了顯化的力量，也看著無數個案的人生因而改變。他們消除了人生道路上的障礙，如自我懷疑、恐懼和拖延等等，並培養出自信與信念，進而實現長久以來的心願。

我有一位很棒的當事人名叫克萊絲，在復原之路上，學習愛自己是她的第一要務：

我向自己許下承諾，要顯化心裡所想要的一切。我曾失去自我，但我發誓，未來一定會拚死命地保護自己。直到有一天，我不必再那麼努力奮鬥，也能看見自己的活力、天賦、美麗與溫柔。那時我知道，自己已復原了，也開始想幫助其他人療傷。我感激那樣的自己。無論面臨什麼樣的狀況，現在我都會把愛自己視為最重要的任務。我辦到了，做夢都沒想到，原來我可以過得這麼有自信。

不過，這裡再補充一項小提醒。雖然克萊絲復原了，但以後還是可能再遭遇困難。因此，保持信念非常重要，我在面臨考驗時會自問：這件事可以教會我什麼？我是否能從中學習、成長，成為更好的自己？

回首過往的經歷、處理過各種困難後，我發現，每一次的挑戰都讓我變得更堅強、更愛自己，也更能幫助他人。換言之，我從人生經驗中得到重要的知識、洞見與技能，並得以實現想要的生活，為世界帶來更大的影響。

如果你習慣以自暴自棄的方式思考，那最好花點時間去覺察自己時時刻刻的思緒。可以先從感覺著手。它最能精確地反映你的思路，因為腦海裡有批判或恐懼的念頭時，人會感到焦慮、緊繃、有壓力。

這項練習的重點在於「覺察思緒」，而非「控制感覺」。你會發現，原來自己會一再反芻毫無助益的念頭。這時請你轉移注意力、改變想法，而批判之聲一缺乏關注就難以維持聲量，效力也隨之減弱。

多多思考該如何以健康、快樂的心態打造美好的未來，負能量就會自然下降。

顯化你的心願

在復原的這個階段，感到不滿是很正常的。很多人都抱怨過，說自己已設下目標、畫好理想的藍圖，但宇宙就是不幫忙！

我從自身經驗中瞭解到，雖然我們有明確的目標，但當下使用的方式不一定是最好的。因此，不要嚴格地控制人生走向，那樣毫無助益。要顯化夢想，祕訣在於投注信念。一定要相信，宇宙會有最好的安排，總會有水到渠成的時候，不要太過執著於擬定步驟與計劃。

你會驚喜地發現，不必再掌控未來的每一個細節，原來是這麼輕鬆！放寬心、穩步前進，宇宙自有規劃。只要保持信念、在有靈感的時刻採取行動，並享受過程就行了。無論未來發生什麼事，一切都是最好的安排。

面對恐懼與懷疑

想要改變心態、學著放手絕非易事，但在復原過程中，這很重要的一項功課。在成長的路上，師長都教導我們，對人生應有明確的想法與觀念，並依照「正常」的方式活著。我們也都認為，每件事都應該按照預期的進程去實現。

就以我為例吧。我以前的生活只是為了滿足既定的義務與眾人的期待，深怕沒能按照計劃行事，卻因此錯失許多美妙的體驗。我的人生道路很明確：努力用功、考進大學、找到好工作並結婚生子。其實，我小時候被灌輸的觀念是「創意類工作薪水都很少，所以一定要嫁有錢人」，所以我從兒時就深信，要想成功、快樂，就只有這條路。

在這種觀念的箝制下，能盡情發揮潛力的又有多少人呢？長輩叫我踏上學術之路，我卻是走得跌跌撞撞。抱持既定的期待，覺得自己應該成為怎樣的人，結果反而過得很悲慘。後來，我學著培養感念的心、走上創作之路，並成為藝術的信徒。這帶來一種神聖的感受，讓我感覺到一股超乎我所想像的力量。因此，我掙脫了以往那種制約式的生活，開始依循直覺，自由過活。

假如你的人生是照著既定的劇本演出，想想看，你從中得到的是力量還是傷害？我以前經常如此自問，現在我也希望各位問問自己。

反思這些問題以後，我改變了做事的原則，只依循當前所獲得的靈感與啟發行事，而不再煩惱「應該」做些什麼。我開始思索，有哪些事能為我的靈魂與心智注入滿滿的喜悅與振奮之情，讓我覺得自己真正活著。

什麼事能讓我快樂而充滿渴望？我希望看到世界朝什麼方向改變？我能做出什麼貢獻？我曾這麼自問。

現在，該你問問自己這些問題了。

真正的孤獨是拋棄自己

社會形塑了大眾的觀念，許多人一心想追求物質享受，以為這樣才是富足人生。但事實上，只要生活缺乏深度、缺乏自我實現的面向，無論如何你都不會過得滿足。

我之所以能發自內心地感到平靜，是起始於悉心經營生命中的重要關係，並幫助許多人處理心靈上的問題。

我們不可被恐懼與自我憎恨操控人生，否則那無異於拋棄自我，會令人倍感孤獨。批判之聲作祟時，我們會無視身心的各種需求，包括食物、睡眠與關懷。它會說，你的存在無足輕重，並逼你向外在的人事物妥協。

開創未來的七大步驟

基本上，顯化就像是一股能量，可以幫助我們強化信念、創造吸引力，讓內心的願望實現。瞭解顯化的力量，並深信自己有形塑未來的潛能，就可以將這個新習慣內化成生命的一部分。

1. 清楚瞭解自己想要什麼

在討論夢想時，我發現許多當事人會一味地回顧過去，列舉不想要的事物。他們這一輩子都在忽略自身的需求與渴望，所以很難看清自己真實的面貌與想望。因此，多花點時間探索、反思，才能瞭解自己的興趣、需求與盼望。

請記得，你所想要的一切，都應該以自身的幸福與快樂為出發點。你會覺得很多事情不可能實現，但別讓那些既定觀念限制你的夢想。全神貫注、把願望看得清清楚楚，就一定能實現。

2. 保持信念

這項練習的重點在於以主動之姿開創未來，但不是要你做白日夢。你必須堅信，希望和夢想能成真，並將此信念顯化為現實。重要的是，釐清自己想要的未來，接著許下願望，然後相信願望會在對的時機成真。想像一下你夢想成真後的模樣，你的想法、感覺、打扮、言行和做決定的方式會是如何？請按照你的渴望許願，然後就放寬心，並保持信念，相信你所求的必會實現。

多多練習成功時的心境、舉措和處世態度，讓自己習慣以那樣的狀態生活。

3. 觀想未來的自己

常常想像達成目標的畫面，信念就會更加堅定。有時大腦無法分辨現實事件與幻想的差別，如果假想自己正在享受夢想中的生活，腦部就會得到刺激，使你感到快樂、平靜且滿足。每天不妨花五分鐘的時間，觀想美滿人生的畫面，細節越多越好。比方說，你置身山間別墅，身旁有家人，而你們正在準備晚餐。你看到家人歡笑的表情、聞到食物的香氣、而你正拿著餐盤……把重點放在知覺與感受，想得越真實越好。

有些人不擅長觀想，不妨就用文字寫下來，描述你半年後的模樣與生活，把重點放在想改變的狀態，以及隨之而來的正面效應。讓自己沉浸在所寫的內容以及營造出來的氣氛，反覆練習，以強化你對未來的感受。有時批判之聲會潑你冷水，說你無力改變當下的處境。那請深呼吸，並告訴自己，現在的一切都是最好的安排，往後你還會繼續前進。

4. 獲得靈感與啟發時馬上行動

弄清楚自己想要什麼，並試著顯化心中的願望，實現目標的方法就會自然浮現。因此，「放手」是非常重要功課。太想控制人生，反而容易錯失機會，看不見適合自己的道路。保持信心，未來的路會在對的時機變得清晰，放輕鬆去享受這趟旅程。實現夢想的途徑，順著心靈的引導就能走完。

我剛踏上療癒之路時，對許多事總放心不下，老想控制事情的走向。但後來我決定放寬心，好好享受這段旅程，心情才放鬆下來。我知道宇宙已替我做好安排，我只要負責許下願望並秉持信念就行了。

給自己一些時間，培養全新的思考與生活態度，人生勢必會有所轉變。你一定辦得到！

5. 每天都要從事自我關懷的活動

人們總是會抗拒、懷疑陌生的新事物。不過信心起於內在，不該向外求得，別執意要求百分之百的證據，所以請放膽嘗試書中的方法。

既然下定決心要改變人生，那就要培養每天自我關懷的習慣，並把自身的幸福快樂視為第一要務。許多人都把愛自己排在一大堆待辦事項之後，最後還不了了之。事實上，將自我關懷放在第一順位，其他的事反而會變得比較簡單。所以，不妨多從事運動或冥想等滋養身心的活動，或是每天對自己說些勵志心語，以在正確的道路上繼續前行。你也可以記下今天看到的美好事物。

一切都將有所改觀，所以現在就笑一個吧！多多練習，去體會滿足與平靜的感受。

6. 積極參與活動

內在覺醒後，不妨往外踏出去，投入各項活動中。這是療癒之旅中很重要的部分。心境會決定處境，抱持正念、活在當下，並帶著良善而清明的動機，發揮創意來顯化你的心願。然後，請密切注意宇宙向你傳達的訊息，你會發現，改變已經降臨。

保持開放的心胸，多多認識朋友、聽取新的想法、接觸新的機會。你知道願望即將成真，好好體會那種興奮與快樂吧！

7. 多找出值得感激的事

有些人遇到困境，人生毫無目標，只能在惡性循環中活一天算一天。他們沒有機會體驗多彩的人生，也無法照自己的想法建構人生，只能每天受過往的經歷所折磨。現在，你已踏入全新的生命階段，可以多多聚焦於值得你感激的人事物。

培養感恩的心，將身心調整到豐足的頻率，就能透過吸引力法則實現更多願望。寫下值得你感激的一切，心態立刻就會變得正向，感覺也會馬上踏實。

克莉絲提娜的故事：從同病相憐的朋友身上找到力量

談到這裡，我想分享一則真實的案例。

克莉絲提娜之所以能實現內心所想要的一切，關鍵在於持續不懈。許多人在各階段有過的感受與遭遇，她都曾經歷。她的故事讓我們知道，其實有時候光是能感受真實的自我，就可以帶來快樂。

復原之路就像一趟未知的旅途。我從很小的時候就認定自己不夠優秀、缺點很多，所以一定要變得更好。對我來說，能夠有所轉變、發自內心地接納自己，真的是令人驚奇的體驗。

我向來都不相信世上真有「接納自我」這種事，也從沒想過我能對自己的展現關懷與尊重。在我看來，人生中有兩件事如果不靠處方藥，根本不可能成功，一是快樂，二是減肥。

但現在，我已欣然接受自己的全部，不會再為了求得接納而迎合他人，把真我的某些部分隱藏起來。羞恥感是沉重的負擔，並造成我大量的自毀式行為。舉凡體重、外表、性別認同、人際關係和工作方面的問題，都會讓我引以為恥。

後來我瞭解到，每一段的人生經驗都很重要，即使是黑暗、痛苦的遭遇也不例外。那些歷練成就了現在的我，讓我變得更堅強、有自信；最重要的是，我不會再隱藏過去的那些傷痛。

療癒的旅程並不是一條大路直通羅馬，有時會很混亂，也數度使我感到非常矛盾。而且我覺得找人諮商，就等同於背叛自己的完美形象，也是對老友不忠……而那個朋友，就是批判之聲。

坦白說，我以前並不覺得自己陷入「不健康」的狀態。我相信自己能堅守理智的界線，控制自毀式的行為，不再重蹈覆轍。但事實上，所有的防線最後都失守，我不僅撿垃圾桶裡的東西來吃、在公共場所嘔吐、毫無節制地吃瀉藥和減肥藥，也越來越容易迷戀或是批評他人。簡單來說，我的道德觀完全淪喪。我一心以為，只要減肥成功、成為理想中的模樣，就能受到歡迎、得到旁人的愛與接納。每件事我都極力追求完美，但到頭來卻發現，這麼做只會造成反效果。我把標準設得太高，根本沒有人能達到，包括我自己在內。

由於批判之聲太強勢，所以他人完全無法靠近我，導致我失去許多朋友。多年來，我不斷在承受自我憎恨的折磨。每天都很難受。有時我相信，只要學著自我克制，就能得到救贖，但羞恥感卻不斷加深，所以總會為自己的行為找藉口。我一舉一動都很自私、以自我為中心，並想方設法藏匿心中的祕密。

我曾多次向家庭醫生和社區中心的社工尋求協助，但他們說我還不到接受治療的門檻。於是我更加相信，對自己不滿只是小問題，日夜被恐懼感侵蝕也不足為奇。最後，我已經不知道自己是誰了。

老實說，找人聊天應該最有用的復原利器。無論對象是家人、朋友或同事，只要找人聊聊內心的掙扎，都能幫助我緩解暴食症和性傾向造成的羞愧感。不過，找人聊這些話題，其實很難啟口，我自己也很掙扎，即使對方是最要好的朋友也不例外。許多人都來幫我，與我促膝長談、聽我說話或靜靜地坐在我身旁，有時一次就是好幾個小時。要是沒有這麼棒的親朋好友，我絕對不可能康復。

越是敞開心胸地聊，我的改變也就越明顯。雖然進度很緩慢，但每次說出我引以為恥的祕密與真相，我靈魂深處那些未曾獲得關注的角落，就會有光照進去。我原以為，只有我內心存在批判之聲，參加團體諮商後，才發現其他夥伴也有相同的束縛，導致生命如一灘死水。聽大家分享時，我也發現，她們的遭遇與我的人生經歷毫無二致。從此以後，我才知道自己不是在孤軍奮戰。

多年來，我覺得很孤單，一直在尋找歸屬感，找一個不必隱藏自我的地方。但現在，我敢於全然地做自己：我是護士、是保母、是同志，也是基督徒。我曾經有暴食症，現在已經復原；喜歡一切井然有序，也熱愛跳舞和享受雞尾酒。

我以前不相信自己能活得快樂，但復原之後，我居然翻轉職涯、獨自踏上背包旅行，還公開出櫃！最重要的是，我認清自己的天性，也不再自我憎恨了。

人生不可能每一天都完美，新的機會與挑戰總會紛至沓來。持續成長是我們一輩子的功課，而現在無論遭遇什麼難關，我都有自信能勇敢面對。最慘的境況我都已經歷過了，現在還能好端端地跟眾人分享我的故事呢！

別忘了對自己保持同理心與耐心，即使再度陷入過往的負面行為模式，也要以自我慈悲的態度將自己拉回正軌。我們的終極目標是活得更快樂，所以要多接觸能為你帶來喜悅的人事物。現在就放手擁抱人生吧，你大展身手的好機會就在眼前。

每天都過得匆匆忙忙，別忘了給自己思考的時間與空間。試著放慢步調，多多關心你自己的處境與心情；想想你所做的決定是否對自己有益。

復原妙方：和內在小孩通信

訪視被你遺忘的孩童

現在，讓我們專注地顯化出有意義、有目標的人生，跟隨直覺，讓天生的鼓勵之聲引領你向前。

與內在小孩建立良好的關係，對於療傷和復原大有幫助。這是非常重要的關鍵步驟，哪怕已經成年，也尋求過專業人士的協助，有時情緒還是會被觸動，使我們變回童年那個受創的孩子。所以，我們必須多多探視受傷的自己並給予關懷。

許多人小時候都有被冷落或被誤解的經驗。寫信給內在小孩，能與其建立連結，並治癒這些傷痕。思考一下，要是有機會的話，你會想和五歲的自己說些什麼？有什麼話想告訴十一歲或十六歲的你呢？每個人心中都有一個孩子，但隨著年歲增長，我們會摒棄或孤立他，以此逃避痛苦的經驗或回憶。

當然啦，內在的小孩也有年紀之分，畢竟童年到青少年的變化很大。我會建議你寫四封信，對象分別是各階段的自己：學步期、幼稚園期、國小期以及青少年期。每個階段的你都有不同的需求、期盼和渴望，必須給予同等的尊重。

這項練習非常療癒，但也會刺傷你的心，更會令人難以招架、惶恐不安。如果你覺得自己還不夠堅強，那請先諮詢專業人員，然後再開始進行。

以內在小孩的身分寫信給成年後的自己

有空的時候，找個安靜、能帶給你安全感的地方，給自己一個可以脆弱的空間。思考一下，要和哪個時期的自己通信，接著找一張當時的照片，花幾分鐘的時間端詳一下；你也可以回想那個年紀的往事。請務必把當前的世界暫時拋在腦後，想像你就在照片或記憶中的自己身邊。

接下來想想看，兒時的自己會說什麼話給成年的你聽？而那個小孩希望，現階段的你能聽到、並知道他的想法。

釐清內在小孩想傳達的訊息後，就可以開始寫信了。再次提醒各位，要留意過程中所湧現的情緒，且務必要對自己溫柔、寬容。

以下是範例：

> 親愛的大人：
> 我需要你的幫助，我覺得迷惘又害怕。我爸媽在吵架，他們都很生氣，我

好怕情況變糟糕，我好擔心。

希望你聽見我的聲音，不要再讓我獨自面對。

兒時的你

以成人的身分寫信給內在小孩

一開始的步驟和前面相同，請在時間充裕時找個安靜的地方，給予自己脆弱的空間。想好寫信對象的年齡後，找一張那個時期的照片，與兒時的自己連結，並從內心感受你當時的心情。

現在想像一下，當年的自己就在眼前，你是否有話想說、也想給予對方一點安慰？那時他總是被冷落，卻總是沒人前來安撫？

花點時間想清楚後，就可以開始寫信了。也別忘了收信人的年紀；寫給嬰兒的信通常會比給青少年的簡短許多。

這項練習會使你情緒高度波動，多多深呼吸，就能撐過去。確實體會過程中所湧現的各樣感受。驚慌失措時，就馬上暫停，休息多久都沒關係，準備好以後再繼續。

以下是範例：

親愛的孩子：

我知道你需要關愛。我會照顧你、保護你，尊重你的需求，並接受現在的你。你可以安心地表達需求、展現自我，並說出想法。我會創造一個空間，讓你能盡情發揮創意，並探索自己的才能與天賦。

你需要我的時候，我隨時都在。我愛你。

長大後的你

信寫好以後，花點時間思考雙方所交流的訊息。與內在小孩產生連結後，你會感受到很強烈的情緒，但兒時的你所背負的傷，只有你自己能治癒。無論是多深層的創傷，愛、同理與關懷都是最有效的良方。

第十一章

愛與和平、耶穌與佛祖

在這個世上，沒有誰和你完全一樣。
只有你，才懂得讚揚自己獨特的一面。

想要療癒自我，對自己有同理心，最重要的關鍵有一項。多年來，我問過許多醫師、治療師、諮商師，以及復原中的當事人，他們的答案幾乎都一樣：建立靈性連結，去接觸超乎你想像的崇高力量。掌握這個要領，復原之路就能走得很精彩。我一開始非常懷疑靈性力量的存在，但它讓我與自己充分地連結。那種感覺很踏實，我終於能看清自己的本質，而不再受制於表象上的特徵。

我把這個主題放在最後一章，原因在於，靈性是使人完整的最後一片拼圖。前面你已做過書中的各種練習，也問過自己許多深刻的問題。請繼續保持好奇，去探究更深層的靈性自我，以剖析你自己陌生的一面。某些專家或學者不鼓勵這方面的探索，但對我來說，靈性著實是自我轉變的重大關鍵。

靈性是內心最深刻的渴求

想要活得平靜、自在，靈性是一大要素，需要悉心呵護。想要治好心理疾病，靈性領域是非常有用的資源。我的診所就設有靈性成長方面的團體諮商，提供安全溫暖的空間，讓參加者可以探索他們與靈性的連結。

我會請當事人描述他們對靈性生活的想像。大家都會想到乘著禪雲悠遊四處的仙人，不用再承受生活的壓力與混亂。但對他們來說，這種生活太遙遠，現實中不可能實現。

但靈性沒有那麼虛無縹緲，無論是誰都有機會能認識到。即使沒有明確的宗教信仰，或不會去過偏遠的境地朝聖，仍可以透過簡單的方式來接觸、感受靈性生活。

靈性完全獨立於組織和制度之外，不一定得和特定的信仰或教派掛勾。最單純的靈性，就是與崇高力量建立深層而密切的連結。但前提是，你必須先相信宇宙中存在著神聖的力量，而且你能體驗到超越五官所感知到的表象。接觸到靈性後，就可以從內心的泉源體會到更多的愛、恩典與平靜。

進行靈性練習後，就會更悉心培養對於生命和宇宙的感激。你也會發現，某些事就是無法從理性或科學的角度來解釋。接受這些現象後，你就會有全然不同的思考架構與信念。

有些讀者能清楚感受到那股崇高的力量，也有些人始終在否定靈性生活。但無論如何，只要用心去培養，你都可以與自身的靈性建立連結。

你是獨一無二、與眾不同的個體。在這個世上，沒有誰和你完全一樣，你要懂得讚揚自己的獨特性和天賦。愛你的人一定會把你放在首位，但你的重要性並不僅止於此，對世界而言，你的存在與貢獻不可或缺。你是奇蹟，是宇宙之愛的化身，抱持感激的心，就會得到許多動能與啟發，想法和感受也會因而改變。靈性是一股無所不在的能量，它充滿著愛、同理與關懷，能讓你放下懷疑、傷痛與恐懼，令你感受到自己存在的意義。

該如何描述或想像靈性世界呢？有些人認為那是「神祕的大宇宙」，有些人則稱之為「守護天使」或「崇高力量」，不過重點在於開發靈性，敘述方式還是其次的。拓展、連結靈性非常重要。在最痛苦、絕望的時刻，你會發覺許多人都有相同的經歷。你會瞭解到，其實自己並不孤單。有這份體悟，你就能撐過艱困的時刻。

活在陰影中，自我憎恨與恐懼的情緒就會肆虐，批判之聲便得以壯大。因此，靈性對修復自我關係非常重要。面對未知時，恐懼是最直覺的反應。害怕並沒有錯，但不能就此困在被情緒制約的思考與行為模式中。建立並深入探索靈性連結，光就能照進你心裡，批判之聲便無法存活。

內心感到壓力和痛苦時，其實就是靈性需求沒有得到滿足，所以心才會發出訊號來提醒你。時常體察自己的思緒，感到害怕時，記得注入愛與關懷來消除恐懼，並繼續培養、強化富有同理心的鼓勵之聲。以愛自己的想法取代批判性的念頭，理當不難，難的是要克服批判之聲所造成的阻礙，以及你對改變的抗拒。展開新的練習方法，改變生活重心，專注地灌溉內心的靈性園地，就會發現正能量越來越豐沛。

發展自己的靈性修煉法

發展靈性是一項陌生的練習，許多人會畏縮不敢嘗試。而在練習過程中，你必須消除自己與靈性之間的障礙。話雖如此，我保證這是一段美好的旅程，你會從中發現自己的勇氣。

舉例而言，批判之聲就是一大阻礙；它會說你不配得到愛，令你什麼事都不敢做。那股聲音不值得相信，而且世界上根本沒有「不配得到愛」這種事，因為愛是靈性的一部分，原本就已存在你心中。

以下提供一些祕訣，希望能幫助各位發展出適合自己的靈性修煉法。

融入宇宙的計劃，隨遇而安

發展靈性的重點在於對自己的人生道路抱持信念。生命的走向無法完全控制、操弄，所以請相信你現在的狀態就是最好的。

在團體諮商時，每次我這麼說，就會有人回答：「是啦，但我心裡都生病了耶，要我怎麼相信現在自己處在最好的狀態啊？」我的回答也都一樣：「承受心理疾病確實很苦、很煎熬，但大家因此才會聚在一起，探索自我與人際關係，並反思自己的靈性——光是這些就彌足珍貴了。」

在復原過程中，聽從命運的帶領也很重要。必須體認到，生命自有計劃，我們不可能操控一切。展開療程後，保持覺察力、處處留心，才有辦法遏止控制欲。但希望各位都能養成隨遇而安的心境，相信凡事都會按照宇宙的安排順利進行，而不再為小事緊張焦慮。人生能擁有多少、未來又要往哪裡走，不是你能完全控制的。宇宙為你準備了愛與驚喜的贈禮，只要專心一志，就能順利接收到。

相信你的存在深具意義

人會焦慮、憂鬱與恐懼，最關鍵的因素就是生命欠缺目標。培養強大的信心與信念，就能在未知的境況下，把不確定性視為生命中無可避免的一部分。之後你就會發現，自己真的可以放下。那種感覺多麼美妙，你一定要試試看。

自我意象會決定你的境遇。探索靈性，就能觀察到自己的復原進度與力量，並為自己的存在賦予意義。我花了很長的時間，才終於看到人生的目標：我想持續探索自己的靈性層次，並鼓勵、支持他人以此發揮自己的潛力。

直到現在，我都還是認為，未來會有更多發展。我也不知道，自己將來還會扮演哪種角色、付出哪些努力，但在這樣的不確定性之中，我仍相信宇宙的安排，相信這些問題會在時機成熟時得到解答。

改掉扭曲的負面行爲並原諒自己

多年前，我參加過一場講座，而那位激勵人心的講者介紹各種靈性修煉的要點。她先提供指引，然後開放聽眾問問題。有位勇敢的中年男子舉起了手，而現場其他數千名聽眾大多是女性。他說，他為過往的行為感到很羞恥：他老是物化女性，還外遇出軌，導致婚姻破裂，法院現在也限制他和幼女相處的時間。他之所以願意改變，女兒是最大的動力。他當眾落淚，說他已改掉陋習，但仍無法原諒自己。

我聽得好難過，非常同情這名男子的遭遇。犯下滔天大錯的人，總希望有一天能得到寬恕。儘管身陷苦難與自我憎恨中，也務必要原諒自己。某些人在兒時遭遇困境時，會發展出扭曲的應對機制，久而久之就變成負面行為。當年的你只是為了求生存，但它們卻折騰了你一輩子。

要想繼續前行，原諒自己是不可或缺的要訣。所以請別再時時回望身後了，現在就抬頭迎向陽光吧。

培養同理心

自省與敞開心房也是重要的靈性能力。許多人在成長過程中都養成了懷疑、提防他人的習慣，而且認為一定要與同儕競爭才能成功。其實，相信自己夠好，懂得自我接納，才能算是成功的人生。對自己與他人有同理心，相互關懷、表達善意，之後你就會發現，從前那些恐懼的念頭侷限了你的發展，而你現在大可以捨棄那樣的思維。

培養深刻的同理心，你就會願意、也更有能力設身處地去想像他人的處境。多點寬容、少點批判，就能為生活帶來更多暖意。不斷培養同理心、磨練自己的心志，就能為生命注入成就感與喜悅，進而改善你和自己與他人的關係。

靈性覺醒後的不適感

該怎樣才會知道改變已經發生？那又是什麼樣的感覺？靈性覺醒時，心神會突然變得清明，知覺變得敏銳，心房也敞開了。你會開始質疑自己過往的核心思維、行為模式以及成長過程中被灌輸的觀念。然後，你還會發現自己的生命是如此多彩豐富，只是之前不瞭解而已。

這樣的變化一開始會令人不安，你會對世界感到困惑，並開始質疑人生的意義。你會發現，從前為了得到接受與認可，你打造出一個虛假的自我。覺醒後，你會暫時與朋友、家人疏離。你還會發現，批判之聲長期以來為你帶來許多苦痛與折磨，導致你在不知不覺中養成失調的行為模式。悲劇在你生活中不斷重演，而擺脫的過程會很難熬。

探索自己的靈性，只要有所領悟，便是值得肯定的重大里程碑。多做點令你愉悅的事，這樣你就不會偏離正軌，宇宙也會幫助你實現心願。喜悅就像磁鐵，能完整地將你個人、宇宙及內在靈性連結起來。

現在就下定決心，多做一些可以帶來喜悅的事，只要是能讓你覺得有意義、變樂觀的事都行。累積這樣的體驗，你就會更有信心去開創自己的人生。

擁抱你的內在靈性

靈性修煉的進程因人而異，所以你很難透過他人的方法獲得啟發。感到挫折時，請提醒自己，比較的心態就像魔鬼，對你毫無幫助，只會讓批判之聲更家張狂。別去管別人在做些什麼，才不會陷入自我懷疑、偏離自己的航道。就本質而言，「靈性」是為了讓你和宇宙產生連結，和旁人無關。請打造專屬於你的修煉法，並學著相信直覺，它會告訴你方法是否正確。

我在書中分享的方法與練習，對我和我的當事人都很有效，但建議各位多加嘗試不同途徑，找出對你最有效的那條路，並持之以恆地走下去。不妨向有經驗的人請教心得，多多接觸大自然、每天靜坐十分鐘也不錯。心情不好時，就把手按在心上，告訴自己有許多人愛你。透過這些靈性活動，你就能順從宇宙的安排，內心感到撫慰又放鬆。希望各位都能收到這樣的贈禮。

在靈性活動中，你能感受到愛與能量，它們有時強烈、有時微弱、有時從四面八方而來。世界各個角落都有愛，星際間也有至高的神祕力量。在你血液當中，其實不斷流動著這些靈性元素，賦予你生命的動能。

我相信這股強大的愛之能量確實存在，只是無法以邏輯來解釋。我觸碰到這超乎我想像的神聖之愛，而得到不可思議的療癒效果。它勝過所有外在的介入手段，希望各位也能親身體驗到。

想要與崇高力量產生連結，最有效的地點就是大自然。哪怕是最堅定的懷疑論者，在面對神奇的大自然現象時，都會心生崇敬之意，並感受到些許靈性。我有個朋友是立場堅定的無神論者，他有次前往加拿大登山，過程中他居然感覺到神的存在；我聽了差點從椅子上跌下來。所以請走出戶外吧，抬頭眺望天空，好好呼吸、睜開雙眼，也打開你的心。

復原妙方：劃定並維繫界線

為了尊重並滿足自身的需求，並保護、維繫個人獨有的生活方式，那就要好好劃下人際界線。許多人在很小的時候，就學會犧牲並忽略自己的需求，所以不知道如何劃出健康的界線。我們在家中所扮演的角色會深深烙印在心中，而一直延續到成年時期。我們會在其他關係中重現兒時與家人的相處模式，而也會再度成為那個孩子，他總是為了家人而犧牲自己，甚至受到創傷。有些成年人愛玩、老是一事無成，或是愛挑釁、有控制欲，都跟他兒時與家人的互動模式有關。

不擅長建立界線的人，是因為成長過程中有以下經歷：

家長過度干預孩子的交友關係與人生志向。

其他家庭成員需要更多照顧，導致你的需求被漠視。

必須照顧家人，所以常把自己和對方的需求搞混。

照顧者支配、控制學業或事業的走向。

未處理的創傷會對我們造成多方面的影響，包括無法聆聽內心真誠的聲音，並建立有助於滿足自我需求的界線。但你現在是有行動力的成年人，可以改變過去的行為模式。不過，你已習慣忽略自己的需求，所以批判之聲會加以阻撓，不讓你建立並維繫界線。

因此，學著去聆聽內心真誠的聲音。一開始你會覺得很陌生，但請別誤以為它不懂你的需求。在療傷初期，設定並堅守界線是最困難的任務，連我也不知道抓不到方向，更別提要與人保持適當的距離。

在成長過程中，周遭的人總是忽略或質疑我的需求，所以我打從心裡相信，必須優先處理旁人的事務。我自認有義務為他人解決問題、有責任減輕他們的苦痛。

劃清界線以後，我的身心有了大幅成長。那種感覺實在難以言喻，就好像擁有個人專屬的擴大器，可以向外界傳達我的期待與感受，以及我預期該得到的對待。此外，我也為自己訂出一套人生守則。以前，我沒能與人劃好界線，從來沒把自己擺在第一順位，所以生活中充滿憎恨、憤怒、悲傷與孤獨。聆聽內心的聲音後，我和周遭親友的關係開始轉變，雖然是個陣痛期，但我還是撐過去了，相信你也可以。

在這個階段，你會很想向身旁的人解釋自己的動機，深怕大家認為你在故意找碴或耍孤僻。在批判之聲的要求下，你會去向外界尋求認同，尤其是對那些從未理睬你的人。所以請務必當心。練習時，你不需要昭告天下，只要和支持你的親友分享就好；只要持續不懈，一定能成功劃出界線。這個舉動不必得到他人的准許，因為這是你人生第一要務；為自己打造富有愛與關懷的生活，因為你值得。

界線不清的徵兆

1 把別人的需求看得比自己的重要。
2 沒有歸屬感，覺得沒有人瞭解你。
3 覺得自己不配得到愛與幸福。
4 認為劃定界線會危害到人際關係。

劃定並維繫界線的好處

1 與伴侶或家人能誠實、開放地溝通。
2 提升自主權與行動力。
3 清楚表達自己的渴望與需求。
4 懂得找尋自己的快樂。
5 學會說不。

6覺得自己有受到關注與重視。

劃好界線的例句

「我進辦公室後會收信，到時會回覆你。」

「我週三早上可以幫忙，但這星期的其他天都沒空。」

「我可以在這待三小時。」

「我知道你很生氣，但如果你繼續大吼大叫，只能請你先離開。」

「我要先考慮一下，再決定要不要參加。」

「我那個時間有事，可以改天嗎？」

劃定界線的原則

在練習手記裡，寫下五項你珍惜且重視的特質。譬如：

1 誠實
2 仁慈
3 智慧
4 幽默
5 同理心

現在，花點時間思考每項特質對你的意義，挑出你想培養的項目。這麼一來，你不但更懂得自我尊重，也更能劃好並維繫界線。接著寫下幾個方法，說說看要如何養成這些特質。譬如：

仁慈：對自己好一點，每天讓自己有充足的睡眠時間。

誠實：回顧過往經歷時，我會覺察自己的情緒，誠實面對它們，不再逃避。

接下來，寫下五個例子，說明你有哪越界的習慣或行為。記得，別讓批判之聲趁機痛批你一頓。利用這個機會想想看，為何你沒有堅守自己的價值觀，導致人我之間的界線亂成一團。譬如：

1 我整個週末都在工作，不但沒有加班費，老闆還說我效率差。
2 我放棄週末的演場會，臨時去幫妹妹照顧小孩。
3 我取消和朋友的飯局，因為伴侶說他心情不好，需要人安慰。
4 我總是難以拒絕他人的好意。
5 我沒有留時間給自己，連半小時的運動時間都抽不出來。

再來，請寫下五個例子，說明你劃定界線的方法，譬如：

1 讓老闆知道我週末無法加班，但星期五可以多花半個小時跟他討論補救辦法。

2週末我可以替妹妹照顧小孩，但她要負責幫我買其他場次的演唱會門票。

3告訴伴侶我和朋友有約，結束後再聽他吐苦水。

4大方拒絕相親對象的邀約，表明我對他沒興趣。

5健康是人生第一要務，不管工作多重，我每天下班後都應該去公園散步半小時。

有了界線，你才能得到專屬的空間與時間，在人生路上不斷成長、精進，以提升自己的身心素質。有了界線，你才會有自信與安全感，周遭的人也才知道你的自我評價與預期的待遇。

結語 改變就趁現在

在書末我想提醒各位，身心的轉變並不容易，需要信心、時間、耐心和毅力，在人生道路上不斷前行。這本書是你旅途的良伴，可以指引你的方向。不時回顧各個章節與修復要領，一定會有所收穫。成功復原後，你的人生一定會有很大的轉變。不妨每隔幾個月、甚至一年後把書拿出來重讀，看看你是否有新的見解與感想。以我的親身經歷來看，想要讓想法、言行與生活變得更正向，就要不斷重複、強化各種療癒的練習，直到內心產生共鳴。

在覺醒的狀態下，體察並發現自我是很美好的經驗，但也會帶來痛苦，因此希望各位能對自己溫柔、仁慈。請記得，小小的進展可以累積成大大的改變。你不必隨時隨地都在練習冥想或閱讀書籍；活在當下、享受生活和體驗喜悅，是這趟旅程中重要的一環。

要重新面對未處理的創傷，的確非常不容易，心情會再次跌到谷底。哀悼過去是段漫長的旅程。在心靈探索後我才發現，原來自己大半輩子都活得很不快樂。這番體悟的確讓人很痛苦，但那也是重大的改變契機。雖然你應該會再次陷入過去的行為模式，但這是必經的過程，每一次跌倒都是反思、學習與進步的大好機會。

當你重蹈覆轍或是對療癒練習感到疲憊時，請對自己寬容，並回想你已熬過多少辛苦的日子。每個人在痛苦中掙扎或遭受磨難時，都需要他人的寬容與關懷，而你應該那樣對待自己。

各位的痛我懂，這本書正是為受苦的每一個你所寫。在人生的路上，我已瞭解到生而為人真正的意義，以及療傷治癒所必須付出的努力。我想把這些歷程都告訴各位。坦承面對你最引以為恥的回憶，是一種同理、謙遜之舉，也代表你願意開始擁抱生命。感到害怕也沒關係，現在就是你培養勇氣的最佳時機。別再去想你「應該」怎麼做了，讓光芒照進你靈魂最陰暗的角落吧。我最愛的「國民樂團」（The

National）就是這麼唱的：「親愛的，只要保持善良、勇敢，就一起能解決所有困難。」

延伸閱讀

◉《每一天練習照顧自己：當我們為自己負起責任，就能真正放手，做自己》，碧緹（Melody Beattie）著，二〇一四年出版

◉《脆弱的力量》，布朗（Brené Brown）著，二〇一五年出版

◉《回歸真我：活出獨立的內在和成熟的愛》，里秋（David Richo）著，二〇〇二年出版

◉《覺醒的你：暢銷百萬，歐普拉的床頭靈修書》，辛格（Michael A. Singer）著，二〇一八年出版

◉《心靈的傷，身體會記住》，范德寇（Bessel van der Kolk）著，二〇一七年出版

Glennon Doyle, Untamed: Stop Pleasing, Start Living（Vermilion, 2020）

人生顧問449

內心對話的力量：遠離自我批判，提升心靈自癒力的11種練習

Find Your True Voice: Stop Listening to Your Inner Critic, Heal Your Trauma and Live a Life Full of Joy

作　者—艾美．布魯納（Emmy Brunner）
譯　者—戴榕儀
主　編—郭香君
責任編輯—許越智
責任企畫—張瑋之
美術設計—木木 Lin
內文排版—張瑜卿
編輯總監—蘇清霖
董事長—趙政岷
出版者—時報文化出版企業股份有限公司
一〇八〇一九臺北市和平西路三段二四〇號四樓
發行專線／（〇二）二三〇六—六八四二
讀者服務專線／〇八〇〇—二三一—七〇五
（〇二）二三〇四—七一〇三
讀者服務傳真／（〇二）二三〇四—六八五八
郵撥／一九三四四七二四時報文化出版公司
信箱／一〇八九九臺北華江橋郵局第九九信箱
時報悅讀網—www.readingtimes.com.tw
綠活線臉書—https://www.facebook.com/readingtimesgreenlife/
法律顧問—理律法律事務所　陳長文律師、李念祖律師
印　刷—勁達印刷有限公司
初版一刷—二〇二二年四月二十二日
初版五刷—二〇二四年二月二十三日
定　價—新台幣三五〇元

時報文化出版公司成立於一九七五年，並於一九九九年股票上櫃公開發行，於二〇〇八年脫離中時集團非屬旺中，以「尊重智慧與創意的文化事業」為信念。

內心對話的力量：遠離自我批判，提升心靈自癒力的11種練習
艾美．布魯納（Emmy Brunner）著；戴榕儀譯.
---初版---臺北市：時報文化出版企業股份有限公司，2022.04
面；14.8×21公分. ---（人生顧問）
譯自：Find your true voice : stop listening to your inner critic, heal your trauma and live a life full of joy
ISBN 978-626-335-226-1（平裝）
1.CST: 心理衛生　2.CST: 生活指導

172.9　　111004024

FIND YOUR TRUE VOICE by Emmy Brunner

First published as FIND YOUR TRUE VOICE in 2021 by Penguin Life, an imprint of Penguin General. Penguin General is part of the Penguin Random House group of companies.
This edition is published by arrangement with Penguin Books Ltd. through Andrew Nurnberg Associates International Limited.

ISBN 978-626-335-226-1
Printed in Taiwan